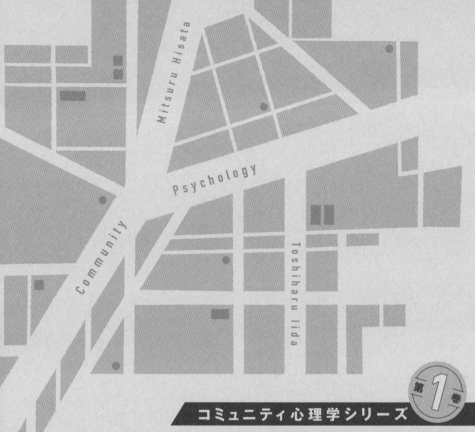

Mitsuru Hisata

Psychology

Community

Toshiharu Iida

コミュニティ心理学シリーズ

第1巻

心の健康教育

久田 満・飯田敏晴 編

金子書房

コミュニティ心理学シリーズ
はしがき

　日本コミュニティ心理学会が設立されたのは1998年3月であった。しかし，その前身ともいえる「コミュニティ心理学シンポジウム」が最初に開催されたのが1975年，さらにその6年前の1969年に東京大学で開催された日本心理学会第33回大会において，「コミュニティ心理学の諸問題」と題するシンポジウムが実施された。このように歴史を振り返ると，日本にコミュニティ心理学が紹介・導入されてからすでに半世紀が経過していることになる。

　その間，日本で初の単著となる『コミュニティ心理学——地域臨床の理論と実践』（山本和郎，1986年，東京大学出版会）や，日本コミュニティ心理学会が総力を挙げて編集した『コミュニティ心理学ハンドブック』（日本コミュニティ心理学会［編］，2007年，東京大学出版会）など，多くの専門書や入門書，あるいは翻訳書が発行されてきた。このような経緯を経て発展し活発化しつつあるコミュニティ心理学は，社会に対してどのような貢献をしてきたのであろうか。

　この半世紀の間で世界は大きく変わった。コンピュータやスマートフォンが身近な存在となり，インターネットという「新たな世界」が登場した。かつては大ごとだった海外旅行が日常化し，鉄腕アトムのような人型ロボットが身近な存在となった。テクノロジーの発展はとどまるところを知らず，遺伝子操作から宇宙旅行まで，驚異的なスピードで社会が発展しつつあるかのように見える。

　では，半世紀前と比べて，人々は幸福になったのであろうか。心は健康になったのであろうか。上記の「コミュニティ心理学シンポジウム」の第20回を節目に企画・刊行された『臨床・コミュニティ心理学——臨床心理学的地域援助の基礎知識』（山本和郎・原 裕視・箕口雅博・久田 満［編著］，1995年，ミネルヴァ書房）で取り上げられて

いる実践例をみてみると，精神障害者の地域ケア，在宅高齢者支援，子育て支援，近隣騒音，ホームレス，職場のメンタルヘルス，不登校やいじめ，外国人留学生，外国人労働者などが連なっているが，これらの中で改善されつつあるものは何であろうか。

逆に，近年，社会問題化している家庭内の暴力（児童虐待や配偶者間暴力）やストーカー，特殊詐欺，ネットでのいじめや誹謗中傷，薬物・アルコール依存，さらにはテロや紛争，自然災害や原子力災害といった，より深刻で心理学だけでは太刀打ちできない問題までもが多発しているのではないだろうか。今こそ，コミュニティ心理学が当初から大切にしてきた「予防的教育」，「他領域との協働」，「危機介入」といった概念の再確認とより具体的な方略の検討が望まれる。

このような，人類を脅かし，人間としての尊厳を深く傷つけてしまう「グローカル」な諸問題を目の前にして，本シリーズの刊行は「焼け石に水」にもならないかもしれない。しかし，だからこそ，目先の課題に丸腰で向かっていくのではなく，原点に立ち返り，基本を固めることで，少しでも意味のある改革につながっていくのではないだろうか。そんな趣旨と期待をもって本シリーズは企画された。

本書は当初，将来，心の健康教育に従事する大学院生や初学者を読者として想定して編集された。しかし，できあがってみると，ベテランといわれてもおかしくはない層の方々にもぜひとも一読してもらいたいという思いが募ってきた。最先端の知識や技法を盛り込むとともに，今さら聞けない古典的な内容にも触れているからである。

最後に，金子書房編集部の天満綾氏には，この企画の理解から細々としたやりとりに至るまで大変お世話になった。執筆・編集が予定より大幅に遅れてしまい，ようやくここに出版に漕ぎつけることができた。こうして晴れて世に問うことができたことに対し，深く感謝したい。

2021年1月23日

編者代表　久田　満

はじめに

　2017（平成29）年9月，**公認心理師法**が施行され，多くの関係者が念願としていた国家資格が誕生した。本書のタイトルでもある「心の健康に関する知識の普及を図るための教育及び情報の提供」は心理専門職に明文化された4つの業務のひとつとなった。しかし，この業務が心理専門職にとって重要であることは，約30年も前に，すでに強調されていた。

　1988（昭和63）年，河合隼雄氏らによって「日本臨床心理士資格認定協会」が設立され，**「臨床心理士」**という名称の専門資格が登場した。『臨床心理士になるために』というタイトルで同協会が監修した手引書の第Ⅲ章において，臨床心理士に期待される学習課題が4つ掲げられている。①査定技法（アセスメント），②面接技法（カウンセリングやサイコセラピーなど），③研究（リサーチ），そして④**臨床心理的地域援助**の技法である。山本和郎氏によって執筆されたこの臨床心理的地域援助の技法こそ，彼の言葉を借りれば「コミュニティ心理学等の視点も包括した新しい心理臨床学の課題」ということになる。

　コミュニティ心理学等の視点とは，広くその個人をとりまく家族や地域社会の様々な環境要因に配慮し，個の解決は，個の所属するさまざまな集団社会（学校，職場，グループ，地域社会……）に直接働きかけることで可能となるということである。そして，具体的な働きかけとは，心の健康のための予防活動のあり方にとどまらず，より健康的，前進的，創造的な人生を創出するための諸活動をいう（日本臨床心理士資格認定協会，1988: pp.52-53）。本書は，その活動のひとつとして，心の問題に対する理解を深めるために，また心の問題に対する解決法を洗練していくために，地域社会を含めたコミュニ

ティに対する教育のあり方をいかにして構築していくべきかについて，世に問うものである。

　効果的（科学的）な心の健康教育の普及と提供には，心理学の様々な理論が参考になるだろう。しかし，その実践には，「心の健康教育」の本質や目的に関することも再考していく余地はあるのではないだろうか。ここで『大震災のなかで——私たちは何をすべきか』（内藤，2011）に精神科医の野田文隆氏が寄せた一文を紹介しよう。

　　「がんばろう」という大合唱の中で「がんばれない」という囁きを消し去ってしまう。精神科医は「がんばれない」トラウマを見つけ，治療することに汲々としてしまい，むしろ一杯のコーヒーで癒される人生の逆説を見落とすこともある（p.202）。

　この文章には，**医学モデル**に基づいた支援の限界と住民一人ひとりの生活に根ざしたアプローチの重要性が強調されていると思われる。戦後，心理学とその関連諸科学の研究者は，心の健康教育に関して普遍的で科学的な理論を多く構築してきた。一方で，実践家はそれを活かしていく際には，その受益者を受け入れるラポールが構築された場（環境）が不可欠なことを痛感してきた。受益者がその場で「感じ」そして「考える」時間の十分な確保が必要なことを実感してきたのである。「教育」といった能動的な振る舞いをする際，場の文脈から逸れていないか，実践家は常に注意を払わなければならない。

　ところで，心の健康教育は，「心」，「健康」，「教育」の3つの単語から成り立っている。これらの単語の意味は曖昧で，その時代や文化によって異なってくることさえありえる。ここでは，まず「心」の在り処を，仮に"人間が考えや思いを抱く場所"とあえて定義し，その場所での「健康」の機能，さらには，「教育」とはどのような営みのことをいうのか模索してみたい。

　健康教育の定義としては，その第一人者の宮坂忠夫氏は，衛生教育の定義である「一般の人たちが，個人としてあるいは集団として，

健康な生活を送るために努力するのを，または努力するように援助することである」（宮坂，2000，p.508）を挙げ，その英語はhealth educationであり，これは健康教育であるとしている。この「健康な生活」には様々な次元が想定されよう。例えば，身体活動の次元で捉えることもできれば，精神，社会，文化といった次元で考えていくことも可能であろう。

　社会の例として，「学校」という環境を引き合いにして，その歴史を整理してみよう。戦前の日本では，学校現場における健康とは，学校衛生（school hygiene）という観点から考えられていた。すなわち，子どもの発育発達の程度を把握したり，伝染病の予防をしたりといった，身体の医学モデルに基づいて取り組まれていた。一方，1945（昭和20）年8月の敗戦後の新教育の導入で，この方向性が大きく変えられたのである。1949（昭和24）年に公表された中等学校保健計画実施要項の第1章第1節には，健康の意義として次のような記載がある。

　　健康は，われわれの生活の全領域にわたって深い関連のあるものであって，健康は，すなわち生活であり，それは発育であるということができ，また，それは各個人の生活において機能的なものであるということができる。

　それまで「教科中心」，あるいは，社会心理学的問題，すなわち，集団としての学級や生徒対教師に関する議論が中心だった学校に，「生活中心」を重視する考えが浸透していったのである。そして，学ぶ主体である児童・生徒・学生の「心」について議論されていくようになった。学校精神衛生の必要性が求められたのもこの頃である。実際，波多野（1948）は，学校精神衛生について「子供の人格的発達をどうして確保するか」，「人格の形成に人為的に参加する」と述べている。

　1950年代には，当時の新聞（読売新聞1954年11月12日朝刊）に「今はノイローゼといわれる症状に悩む人も急激にふえ，青少年でヒロ

ポン，非行に走る者が多いことも大きな社会問題となっている。こうした人たちを救い，さらにその予防をしようと精神衛生—心の衛生が強調される」と記載されており，心の健康教育の重要性が増していった。

　その頃始まった認知革命は，それまで可視化されていなかった様々な現象を，人類が共有し想像することを可能にした。臨床心理学の分野でも，主観的なものに重きを置くだけではなく，エビデンス（証拠）に基づいた実践も重視されていった。

　1960年代には，月刊『児童心理』（金子書房）に「心の健康を育てる教育の基本要件」という特集が組まれた。教育実践での様々な場面を具体的に取り上げ，そこでの心の健康教育を論じたものである。ここでは特定の科目としてではなく，教育のあらゆる場面に心の健康教育の必要性が論じられたことは興味深い。例えば，「生活指導」を執筆した教育心理学者の加藤隆勝氏は，教師と子どもとの関係について「喜びや悩みを共にしながら共通の生活を築き，たがいに成長していこうとする関係としてとらえられなければならない」と強調している（加藤，1968）。そして，1970年代以降，本書でも取り上げた「**ヘルスプロモーション**」や「**健康日本21**」などの考え方が導入されてくる。

　本書は，読み物として第1部の「導入」から読んでいただいてもよいだろうし，第2部「理念と理論」あるいは第3部「実践と評価」から読んでも役立つだろう。そのように勧めるのは，実践には「理論との往復」が不可欠という考えからである。

2021年1月23日

飯田敏晴

■引用文献

波多野完治 1948 精神衛生とその問題．児童心理，**2**(12)，710-715．
加藤隆勝 1968 生活指導．児童心理，**22**(3)，58-60．
宮坂忠夫 2000 健康教育の変遷・現状・今後の課題（特集 21世紀に向けての健康教育），保健の科学，**42**，508-513．
内藤克人（編）2011 大震災のなかで——私たちは何をすべきか 岩波新書．
日本臨床心理士資格認定協会 1988 臨床心理士になるために 誠信書房．

CONTENTS

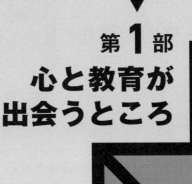

第**1**部
心と教育が
出会うところ

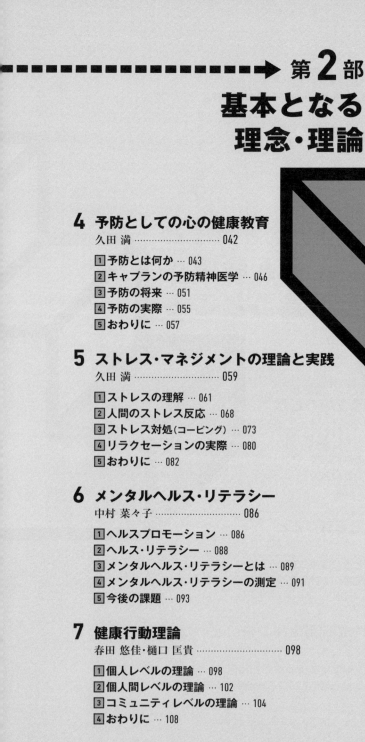

第**2**部
基本となる
理念・理論

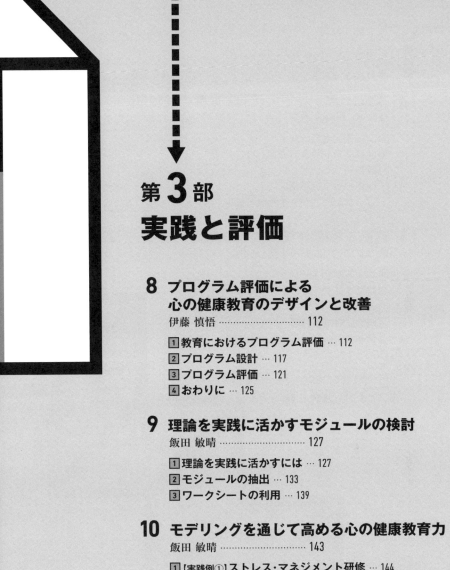

第3部
実践と評価

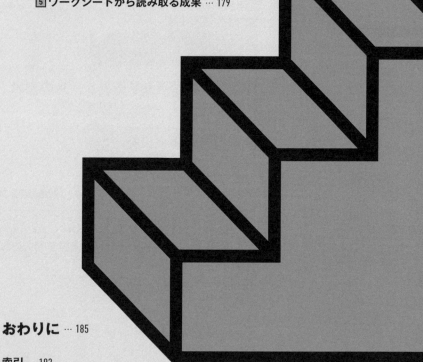

第1部
心と教育が出会うところ

　第1部では，心の健康教育の理論と実践を学んでいくうえで留意すべきことについてまとめてある。事例を通じて，一個人だけではなく，家族，集団，組織，コミュニティといった環境にアプローチしていくことの重要性を提示したい。

1 人と出会う ということ

飯田敏晴

　本章では，筆者が心理専門職として駆け出しの頃に
出会ったある事例をもとに，**心の健康教育**の必要性に
ついて論じたい。事例提示にあたっては，当事者からの承諾を得てお
り，個人が特定されないように匿名・記号化し，読者の理解に差し
支えのない範囲で内容を改変してある。

1 「出会い」から教育へ

1 事例提示

　A（20代男性）は，生後間もなくして，ある疾病への罹患を誘発
させるイベントに遭遇した。この疾病は薬を一生涯飲み続ける必要
性があり，内服を怠れば病態は悪化し，やがて死に至る可能性が高
くなる。Aは，筆者と出会う1年程前に，その疾病に罹患してい
ることが告知された。Aの医療チームは，その疾病のコントロール
にはAによる自己管理が不可欠であるため，年齢，生活状況を考
慮し，疾病の特徴や治療法などの詳細を告げることにした。

　その後，内服治療が開始となったが，病状は重く，外出も控える
必要があった。Aは，通院日以外は自宅に引きこもりがちな生活を
過ごしていた。あるとき，Aの怠薬が明らかになった。それをきっ
かけとして，筆者はAと継続的に会うことになったのである。

　Aは，面接室にある箱庭やスケッチブックに興味を持ち，私との
対話は創作活動を通じて始まった。ことばをメインとしたセッショ
ンもあったが，その際のAは受身的に振る舞いがちであった。時
間の経過とともに，内服薬も一定のペースで続けていけるようにな
り，症状も安定していった。

Ａと筆者との関わりは数年に及び，Ａの家庭のことやこれまで
の成長過程，あるいは通院先でのエピソード以外の話も増えていっ
た。外出も可能となり，新たな場所にも出かけられるようになって
非常勤の仕事も始めた。そんなある日，Ａは次のような経験を語り
始めた。Ａの外見は，周囲の人々とは異なる特徴を有していたが，
仕事先の顧客から「その特徴を感じさせない」とあえて言われたこ
とについてである。「自分はひとりぼっちであり，自分が考えたり
感じたりしたことを話す場所も無い」ことを，堰を切ったように
様々なエピソードを交えながら話してくれたのである。

　数年前のある日，Ａは，周囲から次のような話を聞かされたと
いう。それは，Ａの疾病は当時の医療水準では悪化すると死に至る
ことが多い。しかし，特定の生活習慣を維持していれば疾病への罹
患をほぼ確実に防げる，というものであった。そして，その情報や
周囲のその疾患に対する風評はＡに強く刻み込まれた。それは，
自分は同世代の友人・知人と比べて死に至りやすく，また，周囲か
ら生活習慣がだらしないと誤解されやすい，ということである。Ａ
のいう「ひとりぼっち」に込められた意味は，ＡとＡの周囲の多
くの他者との差異性が意識化され，そこで生じた「孤立感」ともい
えよう。その面接の最後に，Ａはそれまでリストカットをし続けて
きたことを初めて語った。

2　事例の解説

　Ａには**心理社会的危機**（psychosocial crisis）が訪れており，Ａ
がそれをどのようにして乗り越えるかが発達課題となっていた。Ａ
は当時「ひとり」であると同時に，それまでの発達過程で形成され
てきた内的資源を用いて，新たな事態に対して良くも悪くも従順に
適応しようとしていた。Ａの語ったリストカットのエピソードは，
筆者にはＡ自身の内側にある否定的な評価をも含めた「生の実感」
を可視化し，それと向き合っていく「術」のように感じられた。こ
の疾患は内部疾患であって，目に見えないからである。

　人の成長過程における重要な発達課題のひとつに，アイデンティ

ティ形成がある。そして，その形成には「**内集団**」の存在が大きな影響を与える。Aは，病名告知と同時期に外出を控えざるを得なくなった。知人・友人の集団から離れた。さらに，勤務先でのエピソードが表すように，本人が望んでも望まなくても，周囲と自身との差異は，徐々に意識化されていった。Aの一方の親は，Aの幼少時に同じ疾患を発症しており，介護を要する状態であった。もう一方の親は，その配偶者の介護に加え，仕事に忙しい日々を過ごしていた。Aは，その家族の構成メンバーの一人として，家族内での自身の役割を見出しながら成長してきた。Aは，家族に心理的負担をかけまいとして自身の悩みを打ち明けることもなく，食事や身の回りのことはすべて自分で担ってきた。

　このような事例に対して，本人がそれを求めるならば心理療法やカウンセリングといった取り組みは有益であろう。しかし一方で，「心の支援」という大きな括りで考えたとき，個人への直接的支援だけではなく，その個人を取り巻く環境に対しても働きかける必要があるのではないだろうか。

3　現場での「出会い」から教育へ

　Aとの「出会い」を，Aの誕生から主訴形成当時までの成長過程，重要な他者との関係性，あるいは**ウィニコット**（Donald Woods Winnicott）のいう「ひとりでいられる能力（the capacity to be alone）」の発達過程という観点から捉え直すことは，心理専門職に多くの示唆を与えてくれるかもしれない。また，筆者がAとの面談を続ける中で，目に見えるAの特徴についてなぜ直接触れなかったのか（触れづらかったのか）を考察することで，Aが日常生活で体験してきた孤独感への理解を深めたり，怠薬やリストカットに込められた象徴的な意味を感じていくこともできよう。あるいは，Aのその疾患に対する認知や自己効力感の低さへの介入策を検討したり，AをIdentified Patientとして捉え，家族への介入を考えてみたり，本人の主体性に焦点を当てて捉え直してみようとすることも臨床的に意義があろう。

一方で，本事例を「**教育**」という視点から捉え直してみたら，どのように考えられるだろうか。例えば，Aがたまたま外出した際，自身の疾病について教えられた（教育された）情報は，Aの成長をどのように促したのだろうか。

　「教育」という2文字は，矛盾を抱えた言葉として知られる。表面的には，教育者が学び手に対して必要なことを「教え」「育てる」という意味で解されることが多い。このため，教育者には，ある事象について，いつ，どこで，誰に，どのようにして，どれくらいの情報量を伝えるかといったような点に関して，常に効果的な教育方法を検討していく姿勢が求められる。

　しかし，「教育」という用語には「育つ」という人間の発達に関わる意味内容が含まれていることを忘れてはならない。つまり，教育とは，教育者が主体となって「教え」「育てる」行為だけではなく，ある個人が主体的で固有な存在として自然に「育つ」というニュアンスも込められているのである。したがって，教育担当者には，自身が受益者を教え育てるという視点だけではなく，受益者が自発的に「育つ」ことをも視野にいれた配慮も要請されるのである。

2 心の健康の保持増進

1　ヘルスプロモーション

　1988年3月，日本臨床心理士資格認定協会が設立され，日本でも「心の専門家」としての**臨床心理士**が様々な領域で働き始めるようになった。この臨床心理士には，期待される学習課題として，①臨床心理査定技法（アセスメント），②臨床心理面接技法（カウンセリングや心理療法），③**臨床心理的地域援助**の技法の3つが設定されたが，山本（1988）によれば，③の臨床心理的地域援助の技法は，コミュニティ心理学等の視点も包括した新しい心理臨床の課題であり，具体的には「より健康な，より創造的な人生を創出するための諸活動」や「心の健康のための予防活動」，さらには，啓発・教育といった地域社会の人々に対する仕事のあり方をいかに構築する

か，であるという。しかしながら，山本が盛り込んだこの学習課題は，その後あまり重要視されなくなった。

臨床心理士の登場から27年後の2015年の国会において，衆・参全会一致により「**公認心理師法**」が制定され，国家資格としての**公認心理師**が誕生した。公認心理師法の第1条には，公認心理師の職能として「公認心理師の資格を定めて，その業務の適性を図り，もって国民の心の健康の保持増進に寄与すること」とある。この新法の目的は，国民の心の健康の保持増進と定められたのである。

では，この条文にある「**心の健康の保持増進**」とは，何を指すのであろうか。これを理解するための視点を2つ紹介しよう。

ひとつは「心の健康の保持増進」をする主体は誰かという視点，そして，もうひとつは，心の健康とは「何のためにあるか」という視点である。

まず，**世界保健機関（WHO）**は，1986年のオタワ憲章で「**ヘルスプロモーション**（健康増進）」を「人々が自らの健康をコントロールし，改善することができるようにするプロセス」（訳は島内・鈴木, 2013）と定義している。この定義は，上記の「心の健康の保持増進」の意味を考えていく上で非常に重要である。なぜならば，人々が自らの心の健康を保持増進することに寄与（貢献）することが求められているからである。

さらに，WHOの憲章で定める「**健康**」という概念には「生きる目的ではなくて，毎日の生活のための資源である。健康は，身体的な能力であると同時に，社会的・個人的資源であることを強調する積極的な概念」（訳は島内・鈴木, 2013）という意味も込められている。つまり，心の健康とは，人々が日々の生活を営んでいくために必要な資源であるといえよう。

冒頭の事例で考えるならば，AがAの心の健康を自ら保持増進していくために，公認心理師である筆者にはそれに寄与する関わりが求められる，ということである。

2 生活機能レベル（国際生活機能分類：ICF）

　「健康」を考えていく上で，もうひとつ考慮すべきことがある。それは，われわれ一人ひとりにある「**障害**」に関する考え方，すなわち，障害観である。従前，障害は「疾病の帰結」という一方向のみのベクトルで捉えられがちであった。さらに，社会的不利の原因を障害それ自体に求めかねないという構造にあった。しかし，近年では，「健康」の構成要素について焦点を当てて，それを捉え直すという視点が国際的には主流になりつつある。つまり，障害を個人が負うべきものとして捉える「**医学モデル**」ではなく，さらに，社会や環境のあり方・仕組みが障害を作り出していると捉える「**社会モデル**」でもなく，「生きる」ことを3つのレベルと2つの因子で分けて，それぞれ相互に独立し，互いに作用し合うものとして捉える視点である。これを「**統合モデル**」という。具体的には，①心身機能・身体構造（body functions and structure），②活動（activity），③参加（participation）の全てのレベルを重視し，その機能低下を及ぼす背景因子として，①環境因子（environment factors），②個人因子（personal factors）の2つを位置づけている。

　伝統的な「医学モデル」では，障害の発生原因として生物学的視点を重視し，個人の負うべき問題として捉えていた。本モデルを事例Aに当てはめて考えるならば，Aの外出制限や社会復帰遅延という問題の原因をA個人に帰属させるという考え方である。一方，「統合モデル」では，Aの健康状態，環境因子，個人因子の間には相互作用の関係があることを念頭に入れる。そして，これらの問題解決策として，基本的生活習慣の獲得だけに目を向けるのではなく，早期の段階から，本人の持つ考えや感情の表出を促す場の確保，内的・外的な活動への働きかけ，周囲の当該疾患への十分で適切な理解とそれを許容する社会的規範の形成を重視する。環境因子としてAを取り巻く集団への当該疾患に関する十分で適切な教育が十分になされていれば，すなわち，Aにとってこの包括的な視点が十分に機能していれば，本人の「ひとり」という言葉に込められた意味は「孤立」だけではなく，自立という意味での「ひとり」という

ニュアンスに近いものになったかもしれない。

3 心の健康教育の目的

　さて，ここまで心の健康教育の意味について考えてきた。そして，その根幹となる「心」，そして，その心を有した人間同士が出会う意味，さらには，「病い」や悩みと共にある人をも含んだ「教育」の意義を考えてきた。そこでは，「育つ」という視点，さらには，それを可能にする環境の整備もまた必要であって，それらを包括的に捉えることの重要性を述べてきた。ここでは，心の健康教育の目的や必要性を論じたい。

1　心の教育について

　「心の健康教育」に類似した用語として，「**心の教育**」という用語がある。この「心の教育」という用語が日本において声高に叫ばれるようになるきっかけは1980年代にまでさかのぼる。いじめを苦にし，遺書を残して自殺した中学2年生の男子生徒の事件である。その後，1995年から全国の教育現場に心の専門家としての**スクールカウンセラー**の配置が開始された。しかしながら，本書の執筆時点でもなお，教育現場には児童生徒の心の問題が山積し，心の専門家へのニーズはますます強くなるばかりである。われわれは，今もなおギリギリのところで踏みとどまる子どもたちの「助けて！」という声なき声にどのようにして気づけばよいのだろうか。あるいは，問題の発生をどのようにして未然に防げばよいのだろうか。周囲から孤立し「自分はひとり」と怯える者に対して，どのようにしてアプローチしていけばよいのだろうか。

　1997年，文部大臣（当時）は「子どもたち一人一人が…（中略）…生きる力の礎と言うべき，生命を尊重する心，他者への思いやりや社会性，倫理観や正義感，美しいものや自然に感動する心等の豊かな人間性の育成を目指し，心の教育の充実を図っていくことが極めて重要な課題である」と提言した（文部省中央教育審議会諮問，1997）。

それを契機として学校現場では，保健体育の授業等で「心の教育」が積極的に実施されることとなった。

　その動きの一方で，日本では1998年以降，自殺者の数は年間3万人を超えるようになった。国を挙げての様々な自殺対策を背景にして，中年期以降の自殺者は減りつつある。しかしながら，若年層における自殺死亡率はほぼ横ばいで，現在でも若年層の自殺予防への取り組みが重点的に行われている。

　上記の問題提起を受けて教育現場では，**ストレス・マネジメント教育やアンガー・マネジメント教育**の導入が盛んに行われるようになり，一定の効果があることが報告されている。しかし，こうした教育を積極的に学校現場に取り入れていく際に留意すべき点がある。それは「寝た子を起こすな」という議論である。この議論をより建設的にしていくためには，現場関係者の間での合意形成をより丁寧に行っていく必要がある。教職員や保護者もまた「心の健康教育」の受益者なのである。合意形成を丁寧に行うことは，児童生徒たちに自身の心の健康への気づきを促進することにもつながる。それは，万が一，彼ら，彼女らの心の健康が不調に陥ったとしても，そこから適切な援助資源につながることもあるからだ。

　心の健康教育とは，心の健康に関わる様々な要素を含んだ用語である。いじめ問題を例に挙げると，日本では2013年に「**いじめ防止対策基本法**」が制定され，そこに道徳教育の充実が明記された。いじめを予防するために集団としての規範意識を醸成する教育である。また，怒りといった否定的な感情を引き起こす各種ストレッサーからの圧力を適切にコントロールできるようなストレス・マネジメント教育も必要なのである（例えば，竹中，1997）。近年では，2011年3月の東日本大震災をきっかけとして，災害の準備教育の必要性とともに，災害後の中・長期的な視点に立った取り組みの必要性も再認識された。

2　領域横断的な心の健康教育の担い手として

　公認心理師や臨床心理士，あるいはその他の心理専門職が担うこ

の心の健康教育が最も求められる分野は，一見すると教育分野と思えるかもしれない。しかし，それだけではない。医療分野においては，アルコールに関わる酒害教育をはじめ，その他の精神疾患に対する患者教育の必要性がある。産業・労働分野においても，労働環境の改善や労働者のパフォーマンス向上のための心の健康教育は極めて重要である。司法・犯罪分野においても，犯罪被害者が事件被害後に陥る心理状態の危機に対して，適切な心理教育を行い，二次被害の拡大を抑えることも重要である。さらにいえば，分野に限らず，国民一人ひとりが，その生涯において自らの心の健康の保持増進に取り組んでいけるよう領域横断的に捉えること，そして，人の「生きる」という時間軸（縦断的）と深さ（重層的）に応じた視点を持つことが必要である。

　以上のことから，心の健康教育の目的とは，心の健康に関する問題を予防するとともに（4章），健康行動を促進し（7章），健康な状態を維持するために有効な取り組み（例えば，5章のストレス・マネジメント），特定の疾患に対する検診や受療，他者へ助けを求める行動（援助要請行動）の促進，さらには当事者への偏見や差別の解消を図っていくことである。

４ おわりに

　本書は，S大学院で行われている公認心理師指定科目「心の健康教育に関する理論と実践」の内容がベースとなっている。公認心理師には，保健医療，福祉，教育，その他の分野において，心理学に関する専門的知識および技術を持って，心の健康に関する知識の普及を図るための教育および情報の提供に従事することが求められている。そして，教育および情報提供能力の向上を常に図っていかなければならない。

　しかしながら，日本の心理専門職養成課程，あるいはこれまでの職業発達過程において，自身の教育力あるいは情報提供能力を高める機会がどれほどあったであろうか。例えば，大学の心理学科では

教育心理学や社会心理学でこれを習う機会はあるかもしれないが，十分と言えるのだろうか。さらに留意すべき点として付け加えれば，臨床心理士が重視してきた「**臨床**」という言葉の重要性を再認識する必要があるのではないだろうか。本来，「臨床」とは，人が横たわる寝台やベッドを意味する用語である。つまり，心理専門職において専門性として共有されるべき一定水準以上の科学的知識や技術とともに，事例性を踏まえた関わりもまた心の健康教育には必要なのである。人の心の健康を教育する，つまり，その教育内容が相手に届き，その人が「**育つ**」には，教育者（実践家）が，現場で得てきた「実践知」の習得もまた必要なプロセスとなる。

　「育つ」存在である次世代の心の健康教育の担い手に，これらの「知」をどのようにして伝えていったらよいだろうか。このことについて，次章ではより具体的に考えていきたい。

■引用文献

文部省中央教育審議会諮問 1997 幼児期からの心の教育の在り方について　http://www.mext.go.jp/b_menu/shingi/chuuou/toushin/970801.htm（2020年6月4日閲覧）
島内憲夫・鈴木美奈子 2013 21世紀の健康戦略シリーズ1・2 ヘルスプロモーション──WHO: オタワ憲章 垣内出版.
竹中晃二 1997 子どものためのストレス・マネジメント教育──対症療法から予防措置への転換 北大路書房.
山本和郎 1988 臨床心理的地域援助の技法. 日本臨床心理士資格認定協会（監修）臨床心理士になるために 誠信書房.

2 教えることと育つこと

飯田敏晴

　心の健康は人々が日々の生活を営んでいくための資源である。そして，教育は人々の**生涯発達**（life-span development）への寄与である。したがって，心理専門職などの心の健康教育に携わる者は，人々の大切な資源を守り育むために日々の努力を怠ってはいけない。

　本章では，まず「心の健康教育（mental health education）」とは，誰に対して，何を，どのようにすることかを整理する。そのうえで，心の健康教育を担う者に求められる姿勢について，コミュニティ心理学の視点を踏まえつつ考察する。

1 心理教育と心の健康教育

1　心理教育の歴史

　公認心理師法第2条に定める公認心理師の業務のひとつとして，「心の健康に関する知識の普及を図るための教育及び情報の提供を行うこと」という記載がある。読者の中には，この「心の健康に関する教育」という表現に戸惑いを感じている人がいるかもしれない。逆に「**心理教育**（psychoeducation）」という用語を連想し，「それなら何度も経験している」と安堵する人がいるかもしれない。この2つは同じことなのであろうか。心の健康教育について解説する前に，まず心理教育についてあらためて整理してみたい。

　心理教育とは何か。筆者の知る限り，最も古い定義はBorgen, Rudner, & Guerney（1981）によってなされている。その定義では「現在の問題を解決・緩和したり，将来起こりうる問題を予防するために計画された心理社会的スキルをクライエントに教育するこ

とに焦点をあてたカウンセリングの方法」（訳は，井上［2001］による）
とある。

　井上（2001）は，国内外の心理教育に関する文献をレビューし，
心理教育の定義と位置づけが多様かつ曖昧であることを指摘した。
そのうえで，心理教育を，①役割，②内容，③受益者のどのような
側面に働きかけるかの３つの次元で図示している（図2-1）

　まず，①心理教育の役割とは，1）問題の治療や改善に役立つ「治
療的役割」（なおす心理教育），2）将来起こりうる問題を予測し，そ
れを防ぐ「予防的役割」（ふせぐ心理教育），3）個人の可能性を援助し，
促進させる「発達的役割」（そだてる心理教育），そして最後に，4）
社会的不利におかれた人々を力づける「エンパワーメント的役割」
（はげます心理教育）があるという。

　次に，②内容として，こうした心理教育には，何らかの気づき
（awareness），知識（knowledge），スキル（skill）という３つの要
素が含まれているとした。

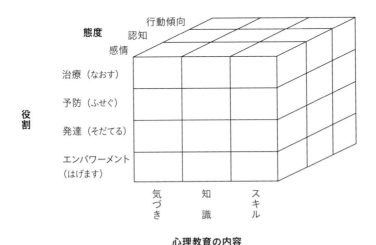

心理教育の内容

図2-1　心理教育の役割と内容と態度の３次元モデル（井上，2001）

そして，これらの役割と内容をもって，③受益者の態度（行動傾向，認知，感情）に働きかけることであるという。

1章で論じたように，「教育」には「教え，育てる」という能動的な行為を表す意味と受益者が「育つ」という2つの意味が含まれている。つまり，心理教育を行うのは，実践家だけでなく，受益者だけでもない。あくまで双方の相互作用が主体であることを忘れてはならない。education（教育）の辞書的定義においても，「education: ①the teaching of a particular subject, ②the process of teaching and learning, usually at school, college, or university」（ロングマン英英辞典）とある。すなわち，英語でも「教育」とは一方的に教師がある特定の教科について教え込むだけではなく，「教える（teaching）」と「学ぶ（learning）」は，並列の関係で論じられるものであり，実践者と受益者との関係は対等であるとされている。

2 心理教育の現状

そもそも心理教育は，どのような現場で，どのような現象を対象として行われることが多いのだろうか。この疑問に答えるために，心理教育を主題として論じた総説論文を紹介したい。一般的に総説論文とは，発行時点までに報告された各経験的事実を集積・整理したものであり，当該分野の動向を理解することに役立つ。アメリカ心理学会（American Psychological Association）が管理する文献データベース "PsycINFO" を用いて，次の手続きで論文を検索した。

まず，査読つき論文であること，すなわち同じ分野の専門家による検証を経た論文であることを指定した。次に，論文も種別として，"systematic review（系統的レビュー）" と "literature review（文献レビュー）" を指定した。その上で，検索語を "psychoeducation（心理教育）" とした。

こうして検索した結果，141本の文献（2019年10月9日現在）が抽出された。抽出された論文リストから，英語で書かれていて，題名あるいはサブジェクト用語として "psychoeducation" を指定

している論文33本を抽出した。その結果，33本中31本が何らかの「疾病」について扱っていることが判明した。

　例えば，精神科領域では，双極性障害（Colom & Vieta, 2004; Colom & Lam, 2005; Rouget & Aubry, 2007; Bond & Anderson, 2015; Batista, Von Werne Baes, & Juruena, 2011），うつ病（Brady, Kangas, & McGill, 2017; de Souza Tursi et al., 2013; Zhao, Lustria, & Hendricse, 2017），統合失調症（Gurusamy et al., 2018; Sin & Norman, 2013; Morin & Franck, 2017），認知症（Dickinson et al., 2017），注意欠如・多動症（Montoya, Colom, & Ferrin, 2011），である。その他「早期の精神科再入院」等に焦点を当てた心理教育を総説しているものも存在した（Vigod et al., 2013; Lyman et al., 2014）。

　身体科領域では，悪性腫瘍（がん）を主題に置いたものが多かった。乳がん（Matsuda et al., 2014; Lally & Brooks, 2016），小児がん（Bradlyn, Beale, & Kato, 2003），皮膚がん（McLoone et al., 2013），前立腺がん（Lassen, Gattinger, & Saxer, 2013）等，がんの種別を特定して論じたものが多いことが特徴的であった。一部，がんの種別を特定しないものもあるが（Xiao et al., 2016），悪性腫瘍の種類ごとに固有の課題があることがうかがえる。がん領域に共通する議論として，進行がんの患者のストレス軽減を意図して開発された認知行動療法的介入（Campbell & Campbell, 2012），がん罹患へのリスク認知（Dieng et al., 2014）などがあった。

　悪性腫瘍以外では，心疾患患者における禁煙（Huttunen-Lenz, Song, & Poland, 2010），子どもが脳性麻痺となった保護者（Higginson & Matthewson, 2014），麻酔注射を控える子どもの不安（Capurso & Ragni, 2016），気管支喘息（McGillion et al., 2004）に関する心理教育と多種多様である。さらに病気の療養過程では，心の健康に加え，**生活の質**（Quality of Life: QOL）に関わるケアについての言及もある（Schildmann & Higginson, 2011; DePalma, 2003）。当該テーマについて理解を深めたり，あるいはその研修を実施したりする際に役立つと思われるので，これらの研究や実践に関心のある読者は，章末の文献リストを参照してほしい。

2
教えることと育つこと

以上のように，心理教育を扱った総説論文の多くは医療分野での報告であることがわかる。

　事実，後藤（2002）は，「慢性疾患に代表されるような継続した問題を抱える人たちに対する教育的側面を含んだ一連の援助法」という心理教育の定義とその方法が1980年代後半に「家族療法」として日本に紹介された経緯を紹介している。家族療法では患者とその家族が同席することが前提となっており，再発防止に焦点を当てた家族への教育的介入という意味合いが強かったのである。その後，統合失調症や摂食障害のような難治性の精神障害だけではなく，糖尿病，脳梗塞，HIV/エイズ，末期がん，神経難病，さらには非行，不登校，引きこもりなどの長期にわたる支援が必要な問題の場合にも応用されるようになったという。以上のことから心理教育は，すでに患者となった本人やその家族に対する三次予防的介入としての意味合いが強いといえよう。

　しかし，心の健康教育とは，心理教育を含むもっと広い概念である。1章で示したように，心の健康教育の目標には，病気に関する情報提供にとどまらず，どうしたら予防できるか（一次予防），進行を遅らせることができるか，そのための行動（健康行動）をどのように促進させていくか，健康診断の習慣化，精神科領域や婦人科領域に多い受診に対する抵抗感をどのように低減させるか，さらには罹患してしまった人やその家族に対する偏見や差別の解消なども含まれいる。

　その意味で，コミュニティ規模での自殺予防に関する総説（Fountoulakis et al., 2011），学校ベースでのストレス低減に関するもの（Van et al., 2012），司法犯罪領域における刑務所内での暴力行動についても論じられているもの（Auty, Cope, & Liebling, 2017）が参考になるだろう。

3　コミュニティ心理学における心の健康教育

　1960年代，アメリカの精神医療の現場では脱入院化に向けた大きな変革のときを迎えた。精神障害者が置かれている現状が厳しく

批判され，**地域精神保健センター**（Community Mental Health Center: 当時の日本では，地域精神衛生センターと訳された）の設立を定める法律が議会を通過した。

　そのような時代的うねりの中で，1965年5月，臨床の現場に携わっている心理学者による**ボストン会議**（Boston Conference on the Education of Psychologists for Community Mental Health）が開催された（Anderson et al., 1966）。これがコミュニティ心理学の始まりである。日本でも1970年代中頃から，心理学者をはじめ関連諸科学の研究者ならびに実践家が年1回のペースで集まるようになり（集会の名称は，**コミュニティ心理学シンポジウム**），その流れを継ぐかたちで1998年3月，**日本コミュニティ心理学会**が設立された。

　日本における先駆者の一人である山本（1986）によれば，「コミュニティ心理学とは，さまざまな異なる身体的心理的社会的文化的条件を持つ人々が，だれもが切りすてられることなく共に生きることを模索する中で，人と環境の適合性を最大にするための基礎知識と方略に関して，実際におこるさまざまな心理社会的問題の解決に具体的に参加しながら研究を進める心理学である」と定義される（p.42）。

　さらに，山本（1986）は，コミュニティ心理学の特徴は，誰もが切りすてられることない社会への変革を目指すという理念を持ち，疾患や障害だけを観るのではなく対象者の社会的文脈を重視し，専門家が非専門家と協働しながら目の前の問題に積極的に関与していくことである，と明確に述べている。したがって，コミュニティ心理学的な基盤に立つ心の健康教育は，狭義の意味での心理教育や特定のクライエントやグループを対象とした働きかけではなく，コミュニティ全体を視野に入れ，多職種との連携を前提として，より積極的に関与し，ともに悩みながら模索し続ける行為（action）といえるだろう。

　本書では，コミュニティ心理学の中核的概念である「予防（4章）」や「プログラム評価（8章）」に加えて，予防としての実践である「ストレス・マネジメント（5章）」や近年活発に議論されている「メン

タルヘルス・リテラシー（6章）」，さらには「健康行動に関する諸理論（7章）」といったテーマを織り交ぜながら，心の健康教育について解説していく。

2 心の健康教育における実践家の役割

1 相互作用の成果物としての教育

　健康教育全般に言えることとして，一般に**PDCAサイクル**，すなわち，Plan（計画），Do（実行），Check（評価），Act（改善）を繰り返しながらより良いものに構築していくことが挙げられよう（8章）。そして，その多くは**プリシード・プロシードモデル**（Green & Kreuter, 1991）に基づいていることである（7章）。心の健康教育も当然のことながら健康教育に含まれるので，その基本的枠組みは同じである。

　心の健康教育を実践する際，「心の健康」を阻害する要因に関する理解を深めることが重要である。その阻害要因として，パーソナリティや発達の偏り，ある種の能力不足，コーピングスキルの欠如，脳内の病的変化といった個人要因だけではなく，経済的貧困，学級風土，長時間労働，近隣関係など，様々な環境要因にも目を向けなければならない。実践家は，これら要因間の相互作用を十分に考慮し，ときには活かして，最適な教育方法について考えることが必要である。

　健康教育における「心」について，まず個人レベルで考えてみよう。実践家は，受益者である地域住民が心の健康を保持増進させていこうとするその瞬間，つまり受益者の心が「動いた瞬間」に立ち会おうとする。その動いた瞬間には，実践家の心もまた「動いている」であろう。その動きが受益者に対して何らかの形で寄与していることが実感されれば，実践家は充足感を得られるだろうし，それが実感できないときは挫折感を味わうことになるかもしれない。つまり，実践家は受益者にもなり得るし，受益者もまた教育者にもな

り得る存在なのである。心理専門職は，ある個人を対象として直接的な支援をするときには，その対象と接した際に生じる自身の内なる感情あるいは思考，または価値観を客観的に振り返ることが求められる。このことは，学校全体や地域社会といったコミュニティを対象とした心の健康教育でも同じである。

2 教育に入る前に

　心理専門職の内側にある心と，そこに向けて注意を払うことへの意義について触れた優れた論文に，Fleischer & Wissler（1985）の「患者としての治療者（The therapist as patient）」がある。私たちは，実践家であると同時に一人の人間である。心理専門職の多くが，バーンアウトをはじめ，なんらかの精神的問題にしばしば直面することはよく知られた事実である（Summers et al., 2018）。さらに，こうした議論は，精神分析の創始者である**フロイト**（Sigmund Freud）にまで遡ることができる。フロイトはその著作において，「すべての分析家は定期的に，たとえば五年おきくらいに，もう一度自分自身を分析にゆだねるべきであり，この手段をとることを恥じることはない（"Every analyst should periodically――at intervals of five years or so――submit himself to analysis once more, without feeling ashamed of taking this step"）」と述べている（Freud, 1937/1964/2014）。

　こうした指摘からは，次のような疑問が湧いてくるのではないだろうか。例えば，「あなたがこれまで学んできた重要な事象や技法のうち，特定の内容の学修を避けた体験はないだろうか。もしあるとすれば，それはなぜか」とか，「特定のテーマや技法ばかり重視してきたことはないだろうか」などである。確かに，専門家として研鑽を積むことのできるテーマや技法は限られてくるし，勤務先からの外発的なニーズによって動かざるを得ない場合もあろう。その一方で，心理専門職が自らの「心の健康」への理解を深めなければ，私的欲求に翻弄され，結果的に受益者の主体性を脅かしたり，その立場を利用し受益者に不利益をもたらしてしまったり，といったこ

教えることと育つこと

019

とが起きかねない。このことは留意する必要があろう。

3 実践家としての役割

　前節では実践家自身の要因が教育へ与えうる可能性を指摘した。このことを踏まえつつも，より効果的な教育を提供していくために，われわれはどのような能力を伸ばしていく必要があるのだろうか。実践家における心の健康教育の実践力とはどのようなもので，どのように伸ばしていけばよいだろうか。

　コミュニティ心理学や社会心理学の研究領域では，人の個人的苦悩への反応と支持的な人的資源の有無が密接な関係にあるとされる（Brown & Harris, 1979）。現在では，**ソーシャルサポート研究**として，その知見を活かした多くの実践が行われている。これを**スクールカウンセラー**の業務に置き換えて考えてみよう。スクールカウンセラーの多くは，学校現場での職種としては一人職場である。そのため，他職種といくつかの業務は重なるものの全く同じとは言い難い。例えば，**ソーシャルサポート資源**のひとつである養護教諭との間で良好な関係があったとしても，自分自身の専門性に関わることでの指導・援助サービス上の困難に直面したとき，援助を求めづらいという現状がある。多くの場合，守秘義務の範囲内で，当該組織の外にある同職種への援助を求め，**指導（スーパーヴィジョン）**を受けるのが通常である。そして，その際のスーパーヴァイザーの態度，価値観，コメントなどから実践家は多くのものを吸収し，次の実践へと還元していく。

　一方，心の健康教育について考えたとき，そうした指導を受ける機会はほとんどないのではないか。小中学校や高等学校の教員は，自身の教育実践を改善するために「授業研究」や「授業観察」の機会が頻回に提供されている。また，大学や大学院の教員養成課程においては「教科研究」として，教員が提示する教材の適否，児童生徒との関わり方，彼らが何をどこまで学んでいるのかなどを複合的な視点で捉えることの重要性とその実践法を学んでいる。しかし，心の健康教育に関わる実践家は，それに相当することは体系的には

学んできてはおらず，実際は現場での経験を繰り返しながら学んでいくことが多いように思われる。さらに，自身が経験し学んだことを後進へ伝えるための体系的な教育を受けていないことがほとんどであろう。

　筆者も，「教育者」として，授業や各種講演，あるいは臨床実践の場で，生徒や学生，地域の住民に対する教育的活動に携わってきた。それらの経験をあらためて振り返ってみると，教育という実践には一定レベル以上の専門性が必要であると痛感する。ひとつ自分の身に置き換えて例えを示そう。筆者は学生時代，数学が苦手な青年であった。高校時代に代数・幾何を学び始めた途端，板書されていることが全くわからなくなってしまった。それは，極端にいえば，外界で起きていることと内界とのつながりが剥奪されたかのような感覚であった。その際，話だけでも必死に理解しようとして，ただ受身的に振る舞い，硬直していたことを覚えている（この体験は，筆者の不勉強による影響がもちろん大きい）。

　これと同じような現象は，心の健康教育でも起きやすいのではないだろうか。なぜならば，「心」に関する事象に直面することは，受益者にとって発達の機会となる一方で，過去の出来事を振り返ることで「痛み」を伴う危険な事態に陥ることもあるからである。新たな学習内容を修めるための素養が受益者側に乏しく，またその準備状態にないとき，どんなに教育効果があると証明された教育法によって教育を受けたとしても，その対象者に画一的に同じ効果が生まれるとは限らない。

　以上のことから，「教育を受ける」ために門を叩いた生徒，学生，地域の住民に対し，実践家が果たすべき役割は，これまで積み重ねてきた①確かな「経験的事実」を伝えつつ，②「考えることの自由」を保障し，さらに③「育つ」ために必要な教育ニーズに応じることであるといえるだろう。

3 おわりに

　本章では，まずコミュニティ心理学を基盤とした心の健康教育とは何かを論じた。そのうえで，実践家が現場でどのような役割を求められているのかについて考察した。より具体的な実践領域についても紹介した。

　実践家が担う心の健康教育は，その受益者が今度は実践家となり，その周囲や次の世代へより肯定的な影響を与えていくことが期待される。次世代への伝達こそが教育の最終目的であって，それにより社会はより安定的で持続可能なものとなっていく。

　次章では，より俯瞰的な視点から，2015年9月の国連サミットで採択された「**持続可能な開発目標** (Sustainable Development Goals: SDGs)」と心の健康教育との関係について論じる。

■引用文献

Anderson, L. S., Cooper, S., Hassol, L., Klein, D. C., Rosenblum, G., & Bennet, C. C. 1966 *Community psychology: A report of the Boston Conference on the Education of Psychologists for community Mental Health*. Boston University & South Shore Mental Health Center.

Auty, K. M., Cope, A., & Liebling, A. I. 2017 Psychoeducational programs for reducing prison violence: A systematic review. *Aggression and Violent Behavior*, **33**, 126-143.

Batista, T. A., Von Werne Baes, C., & Juruena, M. F. 2011 Efficacy of psychoeducation in bipolar patients: Systematic review of randomized trials. *Psychology & Neuroscience*, **4**, 409-416.

Bond, K. & Anderson, I. M. 2015 Psychoeducation for relapse prevention in bipolar disorder: A systematic review of efficacy in randomized controlled trials. *Bipolar Disorders*, **17**, 349-362.

Borgen, W. A., Rudner, H. L., & Guerney, B. G. 1981 *Psychoeducation for children: Theory, programs and research*. Charles C. Thomas Publisher.

Bradlyn, A. S., Beale, I. L., & Kato, P. M. 2003 Psychoeducational interventions with pediatric cancer patients: Part I. patient information and knowledge. *Journal of child and family studies*, **12**, 257-277.

Brady, P., Kangas, M., & McGill, K. 2017 "Family matters": A systematic review of the evidence for family psychoeducation for major depressive disorder. *Journal of Marital and Family Therapy*, **43**, 245-263.

Brown, G. W. & Harris, T. 1979 *Social origins of depression: A Study of psychiatric disorder in women*. Tavistock Publications.

Campbell, C. L. & Campbell, L. C. 2012 A systematic review of cognitive behavioral interventions in advanced cancer. *Patient Education and Counseling*, **89**, 15-24.

Capurso, M. & Ragni, B. 2016 Psycho-educational preparation of children for anaesthesia: A review of intervention methods. *Patient Education and Counseling*, **99**, 173-185.

Colom, F. & Vieta, E. 2004 A perspective on the use of psychoeducation, cognitive behavioral therapy and interpersonal therapy for bipolar patients. *Bipolar Disorder*, **6**, 480-486.

Colom, F. & Lam, D. 2005 Psychoeducation: Improving outcomes in bipolar disorder. *European Psychiatry*, **20**, 359-364.

DePalma, J. A. 2003 Evidence-Based Management of End-of-Life Pain. *Home Health Care Management & Practice*, **16**, 58-60.

de Souza Tursi, M., Mariana, F., von Werne Baes, C., de Barros Camacho, F. R., de Carvalho Tofoli, S. M., & Juruena, M. F. 2013 Effectiveness of psychoeducation for depression: A systematic review. *Australian and New Zealand Journal of Psychiatry*, **47**, 1019-1031.

Dickinson, C., Dow, J., Gibson, G., Hayes, L., Robalio, S., & Robinson, L. 2017 Psychosocial intervention for carers of people with dementia: What components are most effective and when? A systematic review of systematic reviews. *Internatinal Psychogeriatrics*, **29**, 31-43.

Dieng, M., Watts, Caroline, G., Kasparian, N., Morton, R. L., Mann, G. J., & Cust, A. E. 2014 Improving subjective perception of personal cancer risk: Systematic review and meta-analysis of educational interventions for people with cancer or at high risk of cancer. *Psychooncology*, **23**(6), 613-25.

Fleischer, J. A. & Wissler, A. 1985 The therapist as patient: Special problems and considerations. *Psychotherapy: Theory, Research, Practice, Training*, **22**, 587-594.

Freud, S. 1937 Die endliche und die unedliche analyse. *G. W.*, **16**, 59-99. In J. Strachey 1964 *Analysis terminable and interminable "The standard edition of the complete psychological works of Sigmund Freud, volume XXIII (1937-1939): Moses and Monotheism, An outline of psycho-analysis and other works"*, 211-253. Hogarth Press and Institute of Psychoanalysis. [藤山直樹(監訳), 坂井俊之・鈴木菜実子(編訳) 2014 フロイト技法論集 101-147. 岩崎学術出版社.]

Fountoulakis, K. N., Gonda, X., & Rihmer, Z. 2011 Suicide prevention programs through community intervention. *Journal of Affective Disorders*, **130**, 10-16.

後藤雅博 2002 心理教育的アプローチ——患者，家族とのコラボレーションを目指して．亀口憲治(編) コラボレーション．現代のエスプリ，419号．

Green, L. W. & Kreuter, N. W. 1991 *Health promotion planning: An educational and environmental approach.* 2^(nd)edn. Mayfield Publishing Company.

Gurusamy, J., Gandhi, S., Damodharan, D., Ganesan, V., Palaniappan, M. 2018 Exercise, diet and educational interventions for metabolic syndrome in persons with schizophrenia: A systematic review. *Asian Journal of Psychiatry*, **36**, 73-85.

Higginson, J. & Matthewson, M. 2014 Working therapeutically with parents after the diagnosis of a child's cerebral palsy: Issues and practice guidelines. *Australian Journal of Rehabilitation Counselling*, **20**, 50-66.

Huttunen-Lenz, M., Song, F., & Poland, F. 2010 Are psychoeducational smoking cessation interventions for coronary heart disease patients effective? Meta-analysis of interventions. *British Journal of Health Psychology*, **15**, 749-777.

井上孝代 2001 留学生の異文化間心理学——文化受容と援助の視点から 玉川大学出版部．

Lally, R. M. & Brooks, C. 2016 Psychoeducational interventions for supporters of women with breast cancer: A integrative review. *Journal of Cancer Education*, **31**, 626-632.

Lassen, B., Gattinger, H., & Saxer, S. 2013 A systematic review of physical impairment following radical prostatectomy: Effect of psychoeducational interventions. *Journal of Advanced Nursing*, **69**, 2602-2612.

Lyman, D. R., Braude, L., George, P., Dougherty, R. H., Daniels, A. S., Ghose, S. S., & Delphin-Rittmon, M. E. 2014 Consumer and family psychoeducation: Assessing the evidence. *Psychiatric Services*, **65**, 416-428.

McGillion, M., Watt-Watson, J., Kim, J., & Yamada, J. 2004 A systematic review of psychoeducational intervention trials for the management of chronic stable angina. *Journal of Nursing Management*, **12**, 174-182.

McLoone, J., Menzies, S., Meiser, B., Mann, G. J., & Kasparian, N. A. 2013 Psycho-educational interventions for melanoma survivors. *Psycho-Oncology*, **22**, 1444-1456.

Matsuda, A., Yamaoka, K., Tango, T., Matsuda, T., & Nishimoto, H. 2014 Effectiveness of psychoeducational support on quality of life in early-stage breast cancer patients: A systematic review and meta-analysis of randomized controlled trials. *Quality of Life Research*, **23**, 21-30.

Montoya, A., Colom, F., & Ferrin, M. 2011 Is psychoeducation for parents and teachers of children and adolescents with ADHD efficacious? A systematic literature review. *European Psychiatry*, **26**, 166-175.

Morin, L. & Franck, N. 2017 Rehabilitation interventions to promote recovery from schizophrenia: A systematic review. *Frontiers in Psychiatry*, **8**, Article 100.

Rouget, B. W. & Aubry, J-M. 2007 Efficacy of psychoeducational approaches on bipolar disorders: A review of the literature. *Journal of Affective Disorders*, **98**, 11-27.

Schildmann, E. K. & Higginson, I. J. 2011 Evaluating psycho-educational interventions for informal carers of patients receiving cancer care or palliative care: Strengths and limitations of different study designs. *Palliative Medicine*, **25**, 345-356.

Sin, J. & Norman, I. 2013 Psychoeducational interventions for family members of people with Schizophrenia: A mixed-method systematic review. *Journal of Clinical Psychiatry*, **74**, e1145-e1162.

Summers, E., Morris, R., & Bhutani, G. 2018 The development of a new self-report psychometric measure to assess psychological practitioner workplace wellbeing. British Psychological Society. Retrieved from https://www1.bps.org.uk/networks-and-communities/member-microsite/dcp-leadership-and-management-faculty/workforce-wellbeing-1

Van Daele, T., Hermans, D., Van Audenhove, C., & Van den Bergh, O. 2012 Stress reduction through psychoeducation: A meta-analytic review. *Health Education & Behavior*, **39**, 474-485.

Vigod, S. N., Kurdyak, P. A., Dennis, C. L., Leszcz, T., Taylor, V. H., Blumberger, D. M., & Seitz, D. P. 2013 Transitional interventions to reduce early psychiatric readmissions in adults: Systematic review. *British Journal of Psychiatry*, **202**, 187-194.

Xiao, W., Chow, K. M., So, W. K. W., Leung, D. Y. P., & Chan, C. W. H. 2016 The effectiveness of psychoeducational intervention on managing symptom clusters in patients with cancer: A systematic review of randomized controlled trials. *Cancer Nursing*, **39**, 279-291.

山本和郎 1986 コミュニティ心理学——地域臨床の理論と実践 東京大学出版会.

Zhao, D., Lustria, M. L. A., & Hendrickse, J. 2017 Systematic review of the information and communication technology features of web-and mobile-based psychoeducational interventions for depression. *Patient Education and Counseling*, **100**, 1049-1072.

3 持続可能な開発目標（SDGs）と心の健康

伊藤慎悟

　持続可能な開発目標（SDGs: Sustainable Development Goals）とは，より良い社会を目指す2030年までの17目標を示す。2015年の国連総会で採択された**SDGs**は，「**誰一人取り残さない**（Leave no one behind）」を合言葉として，「我々の世界を変革する」目標である。本章では，SDGsとコミュニティ心理学の理念や心の健康教育とのつながりについて解説していく。

1 持続可能な開発目標（SDGs）とは何か

　どれくらいの人がSDGs（エスディージーズ）という言葉を聞いたことがあるだろうか。英語の略称は全て同じに思えるという人もいれば，よくは知らないけど言葉だけは聞いたことがある人，マイクロプラスチックのニュースやコンビニの環境問題の取り組みとして見かけた人，知り合いがSDGsを示すカラフルなバッジを付けていたという人もいるかもしれない。

　SDGsは，開発途上国を対象とした**ミレニアム開発目標**（MDGs: Millennium Development Goals）が前身である。MDGsがどのようなことを問題にし，そしてこの問題がなぜ容易に解決しないのかということについて，**開発途上国の村に住む子どもの生活**を例に考えたい。

1 Bさんの一日

　Bさんは4人きょうだいの長女です。お父さんとお母さん，Bさん，2つ下の弟，まだ小さい弟と妹の6人で暮らしています。お父さんは夜勤で，お母さんは日が昇る前には仕事に行ってしまうので，朝食はBさんが準備します。小さい弟と妹をどうにか預けてから，Bさんは学校に行きます。学校では，たくさん友だちがいて楽しく過ごしています。Bさんがゆっくり過ごせる数少ない時間です。友だちにはおしゃれな子もいて，Bさんもたまには新しい服が欲しいしおしゃれをしたいと思いますが，家計が苦しいので言い出せません。学校から帰ってくると，夕飯の準備を手伝ったり，弟たちの面倒をみたりします。夕飯のとき，Bさんの卒業後の進路の話になりました。Bさんは勉強が好きで，今の学校を卒業した後も勉強を続けたいと思っています。しかし両親には，「きょうだい全員の教育にかけるお金の余裕はない。弟にはお金をかけるけど，Bは女の子なんだから勉強を続ける必要はない」と見向きもされません。両親は共働きですが生活は苦しく，家族の生活費を引くとほとんどお金は残らないので，Bさんは仕方がないと諦めています。夕飯後は弟たちを寝かしつけ，お母さんがやっている内職を手伝います。夜も更ける頃，Bさんはようやく眠りにつきます。

2 コミュニティ心理学とSDGs

　SDGsは，MDGsを引き継ぐ形で登場した。先のBさんは，MDGsが取り組んできた**貧困**，教育，そして**ジェンダー**といった問題の典型的な事例である。

　このBさんの抱える問題の解決が容易ではないのは，様々な要因が複雑にからみあった上で存在しているからである。そのため，単なる資金援助だけでは解決しない。「格差」という問題にしても，先進国が安価な労働力を開発途上国に求めるという**南北の格差**から，開発途上国における車社会となった都市部と電気さえも十分でない周辺部といった**国内の格差**もある。さらに，女子の教育歴が低いという**ジェンダー**問題でも，Bさんの家族の価値観とBさんが暮

らす地域社会の価値観が入り混じっている。教育と貧困の問題については，教育を受けないので良い仕事につけず，お金を十分に稼げないので自分の子どもを学校に行かせるお金が無いという**貧困の連鎖**が背景にあることも忘れてはいけない。

　このような複雑で互いに絡み合った問題に対して，先進国と途上国，企業と民間，国と個人といった様々な立場から，解決を目指すための目標がSDGsである。

　困っている人だけを対象に直接働きかけて問題を解決しようとするのではなく，複層的な視点をもって社会を変革していこうという姿勢は，コミュニティ心理学につながるものがある。例えば，近年日本で「ブラック企業」といわれるような過酷な労働環境で働き，その結果，うつ病となった人を薬物や心理療法によって治療しても，元の環境に戻れば同じことが起きるであろう。環境自体を変えなければならない。同じように，一時的に開発途上国の学校に資金援助を行った場合，しばらくは援助された学校に多くの子どもたちが通うようになり識字率もある程度向上するかもしれない。しかし，学校の経営には教職員の人件費などを含めて継続的な資金源が必要である。貧困の連鎖を完全に断ち切り，ジェンダーにかかわりなく学校に行き，自分の能力や関心にあった仕事につき，幸せな暮らしを送れるようになるという良い連鎖を形成しなければ，結局は元に戻ってしまう。むしろ，支援される側の依存心を高めてしまう，環境破壊により元の生活ができなくなる，支援を受けることができる人と受けることができない人の間に対立を生んでしまうなど，支援の前よりも状況が悪化したりすることもある（タイを事例とした国際協力における課題の例としては，田中［1994］や田中［2008］などがある）。

　コミュニティ心理学が理念として掲げる予防の重視やエンパワーメントといった姿勢は，SDGsにおいても取り上げられている。本書で扱っている心の健康教育も，健康で公正で皆が暮らしやすい社会を作っていくための重要な営みである。

　開発途上国を中心とした課題は，ともすると自分とは全く関係のない遠くの国の話に思える人もいるかもしれない。しかし，貧困の

形や年齢は多少異なってはいるが，Ｂさんが日本の高校生である可能性は十分にある。SDGsの課題が実はわれわれの身近な問題や生活とつながっているのである。事実，世界一の経済大国であるアメリカでも，**貧困問題**はコミュニティ心理学における重点課題のひとつであり続けている（Moritsugu et al., 2010）。コミュニティ心理学の視点をもって自分の周りの問題に取り組むことが，SDGsの達成，すなわち，「持続可能なより良い社会の実現」に向けてわれわれができることのひとつとなる。

3 ミレニアム開発目標（MDGs）から持続可能な開発目標（SDGs）へ

　ここで少し歴史を遡りたい。

　2015年9月の国連総会で，「我々の世界を変革する：持続可能な開発のための2030アジェンダ」という決議が採択され，その中で掲げられた17目標と169のターゲットがSDGsである（国連，2015）。しかし，その前にはSDGsにつながる2つの大きな流れがあった。そのひとつが，SDGsの前身でもあるミレニアム開発目標（MDGs）である。

　2000年9月にニューヨークで開催された**国連ミレニアム・サミット**において，**国連ミレニアム宣言**が採択された。それに1990年代に行われた主要な国際会議やサミットで採択された国際開発目標を統合し，ひとつの共通の枠組みとしてまとめたものがMDGsである。MDGsは2015年を達成期限としたもので，①極度の貧困と飢餓の撲滅，②初等教育普遍化の達成，③ジェンダー平等の推進と女性の地位向上，④乳児死亡率の引き下げ，⑤妊産婦の健康状態の改善，⑥HIV／エイズ，マラリア，その他の疾病のまん延防止，⑦環境の持続可能性の確保，⑧開発のためのグローバル・パートナーシップの構築という計8つの目標と21のターゲットからなっていた。2015年には，MDGsの総括が行われ，極度の貧困や教育の分野については顕著な成果が上がっているものの，いくつかの課題が残されたことが報告された（国連広報センター，2015）。

SDGsのもうひとつの大きな流れの中でとりわけ強調されたのが「持続可能な開発（SD: Sustainable Development）」という概念である。「持続可能な開発」は，1987年の**ブルントラント委員会**の報告書で「将来の世代のニーズを満たす能力を損なうことなく，今日の世代のニーズを満たすような開発」と定義され（WCED, 1987/1987），その後，1992年の**国連環境開発会議**（地球サミット）で中心的な理念とされ，「環境と開発に関するリオ宣言」や「アジェンダ21」として具体化された。この概念は，2012年に20年前と同じくリオデジャネイロで開かれた国連持続可能な開発会議（リオ+20: Rio plus twenty）まで引き継がれ，MDGsと合流させる形で開発目標として策定することが合意された。

　このようにして，貧困や飢餓，保健，教育などの開発問題に関する目標と**気候変動**や**生物多様性**などの持続可能な開発に関する目標がSDGsとして統合されたのである。

4　SDGsの17目標

　それでは，SDGsの17目標とは具体的には何を指すのだろうか。図3-1にSDGsの17目標のロゴとアイコンを示す。田中（2019）

図3-1　SDGsの17目標[※1]

は，この17目標を大きく３つのグループに整理している。

図３−１の上段，６つの目標がMDGsを引き継ぐ開発系の目標であり，主に開発途上国を対象としたものである。ここには，貧困，飢餓，保健，教育，ジェンダー，水・衛生といった課題が含まれる。

目標１：あらゆる場所のあらゆる形態の貧困を終わらせる

目標２：飢餓を終わらせ，食料安全保障及び栄養改善を実現し，持続可能な農業を促進する

目標３：あらゆる年齢のすべての人々の健康的な生活を確保し，福祉を促進する

目標４：すべての人々への包摂的かつ公正な質の高い教育を提供し，生涯学習の機会を促進する

目標５：ジェンダー平等を達成し，すべての女性及び女児のエンパワーメントを行う

目標６：すべての人々の水と衛生の利用可能性と持続可能な管理を確保する

次に，中段の６つの目標と目標16が「持続可能な社会づくり」に関わる目標である。ここには，エネルギー，成長・雇用，不平等，生産・消費，住み続けられるまちづくり，平和と公平といった課題が含まれる。

目標７：すべての人々の，安価かつ信頼できる持続可能な近代的エネルギーへのアクセスを確保する

目標８：包摂的かつ持続可能な経済成長及びすべての人々の完全かつ生産的な雇用と働きがいのある人間らしい雇用（ディーセント・ワーク）を促進する

目標９：強靱（レジリエント）なインフラ構築，包摂的かつ持続可能な産業化の促進及びイノベーションの推進を図る

目標10：各国内及び各国家間の不平等を是正する

目標11：包摂的で安全かつ強靱（レジリエント）で持続可能な都市及び人間居住を実現する

目標12：持続可能な生産消費形態を確保する

目標16：持続可能な開発のための平和で包摂的な社会を促進し，すべての人々に司法へのアクセスを提供し，あらゆるレベルにおいて効果的で説明責任のある包摂的な制度を構築する

　下段の3つの目標は，狭義の「持続可能な開発」を引き継ぐ環境系の目標である。気候変動と海と陸の環境資源といった課題が含まれる。

目標13：気候変動及びその影響を軽減するための緊急対策を講じる

目標14：持続可能な開発のために海洋・海洋資源を保全し，持続可能な形で利用する

目標15：陸域生態系の保護，回復，持続可能な利用の推進，持続可能な森林の経営，砂漠化への対処，ならびに土地劣化の阻止・回復及び生物多様性の損失を阻止する

　最後に目標17は，以上16目標を達成するための実施体制づくりに関する目標である。

目標17：持続可能な開発のための実施手段を強化し，グローバル・パートナーシップを活性化する

（訳文は国連，2015より）

　三宅（2016）はSDGsの特徴として，①「**貧困の解消**」と「**環境の保全**」という「**2本柱の統合**」であること，②開発途上国だけでなく先進国も対象にしている「**普遍主義**」であること，③「**格差**」が重視されていること，④MDGsで達成されなかった課題に新たな課題を追加しかつ野心的な目標を掲げていること，⑤「**実施手段**」が明記されていることの5つを挙げている。

　MDGsの残された課題であった格差を重視し，貧困や飢餓，教育，保健などの開発系の目標と生物多様性，気候変動，天然資源といった環境系の2つの柱が統合されたことで，SDGsは途上国・先

進国をともに対象にしたユニバーサル（普遍的）なものとなっている。

2 コミュニティ心理学とＳＤＧｓが共有するもの

　これまで述べてきたことから明らかなように，SDGsとコミュニティ心理学の間には類似した理念や考え方が多い。本節では，SDGsとコミュニティ心理学および心の健康教育との関わりについてSDGsのゴールやターゲットを参照しながら論じる。

1 コミュニティ心理学とSDGs

　SDGsの17の目標と169のターゲットは具体的な指針となるものであるが，その理念は「我々の世界を変革する：持続可能な開発のための2030アジェンダ」に見られる。まず，副題にもなっているとおり，この目標が世界を変革することを目指していることが挙げられる。MDGsは途上国が当時の先進国に追いつくような現状を目標とするものであったのに対して，SDGsはいまだ実現されていないけれども実現しなければいけない理想の社会に向けて，社会を変革するという目標となっている。

　次に，スローガンともなっている「**誰一人取り残さない**（Leave no one behind）」という理念である。ここでは，国家間での格差や国内間の格差といった世代内の公正のほかに，今の世代とこれからの世代の間の不公平をなくすという世代間の公正ということも含まれている。そして，「**誰一人取り残さない**」という理念は「最も遅れているところに第一に手を伸ばすべく努力する」という言葉にも表れている。

　そして，SDGsにおいて開発系の目標と環境系の目標が統合されているということは，貧困問題と環境問題は相互に関連する同時に取り組むべき統合された不可分な問題であると捉えられているといえる。経済，社会および環境という３側面すべてにおいてバラン

スよく統合された形で目標を達成することが強調されている。

　以上のようなSDGsの理念と完全に同一ではないものの，類似した概念がコミュニティ心理学の理念には存在する。第一に，世界または社会を変えるという点である。SDGsでは，「我々の世界を変革する（transforming our world）」がひとつの理念であるが，コミュニティ心理学では**社会変革**（social change）が大きな意味を持っている。コミュニティ心理学はその誕生のとき（1965年）から社会変革という概念を重要視してきた（例：Rappaport, 1977）。また，山本（1986）も，コミュニティ心理学者の役割として真っ先に「**変革の促進者**（change facilitator）」を挙げ，変革の対象は心理療法や家族療法による個人や小集団にとどまらず，学校や職場環境，さらには社会制度や社会システムをも含むことを強調している。

　社会変革とは，Moritsugu et al.（2010, p.20）によれば，「コミュニティが持っている様々な価値観や態度，あるいは期待や機会を変化させることによって，そこで暮らすすべての人々が本来持ち合わせている強さを発揮できるように助けること」である。そして，社会変革の手段として次の5つを提示している。すなわち，①市民参加，②ネットワーキング，③コンサルタント，④教育と情報普及の利用，⑤公共政策である。これは，SDGsが国だけでなく企業や個人などのあらゆるステークホルダーの参加を求めていること（市民参加），SDGs17「パートナーシップで目標を達成しよう」がネットワーキングを目標達成の手段としていること（ネットワーキング），SDGs4で教育を通して持続可能な開発を促進しようとしていること（教育と情報普及の利用），様々な目標で政策的枠組みを構築しなおすこと（公共政策）と密接につながっているといえよう。

　次に，SDGsの「誰一人取り残さない」という理念は，コミュニティ心理学における多様性を尊重する姿勢と同一のものである。SDGsが格差などの社会経済的階層の違いに重点をおき，コミュニティ心理学はセクシュアリティの違いなどを含めた多様性を想定しているといった多少の違いは存在する。しかし，民族や人種，性別，障害や病気，地域，文化の違いにかかわらず，すべての人に身体的，

精神的，社会的福祉が保障される世界を共に目指していることは明白である。そして，「最も遅れているところに第一に手を伸ばすべく努力する」という姿勢は，コミュニティ心理学がその実践の中で重視する「**探索モデル (seeking model)**」，すなわち，自発的に心理療法を受けられる裕福な人を診察室で待ち受けるのではなく，最も困っている貧困層の人々のいる地域に自ら出向いていく姿勢と重なるものがある。

さらに，貧困問題と環境問題が不可分に結びついているということに関しては，生態学的発想の重視とつながる。もちろん環境問題は生態学の問題であるが，狭義の環境問題としての生態学ではなく，貧困や疾患といった個人の問題と捉えられがちなものが，家族関係や社会制度，地域，国同士の関係という多様で多重な環境の下で起きているという**人間生態学的視点**とつながっている (Bronfenbrenner, 1979/1996; 植村，2007a, b)。

このように，SDGsとコミュニティ心理学の間には共有する理念が多い。上記以外でも「ジェンダーの平等を達成し，すべての女性と女児の**エンパワーメント**を図る」というSDGs5にはエンパワーメントという文言が直接含まれており，教育や安全な水の状況を改善することは感染症に対する一次予防でもあり，コミュニティ心理学が重視する予防的介入と軌を一にする。

2 心の健康教育とSDGs

コミュニティ心理学とSDGsは，理念として重なる部分が多いだけではなく，扱う内容も重なる部分がある。心の健康教育に関わるSDGsの目標とターゲットについて具体的に見てみよう。

まず，健康と福祉という内容については，他の目標と同じようにMDGsからSDGsに受け継がれているが，SDGsでは新たな課題も追加されている。

表3-1に，目標3「すべての人に健康と福祉を」のターゲットと対応するMDGsを示す。

MDGsは，先進国では平均寿命が80歳代にせまっているものの，

表 3-1 SDGs3 のターゲットと対応する MDGs
（国連，2015；国連広報センター，2015 をもとに作成）

	SDGs のターゲット	対応する MDGs
3.1	2030 年までに，世界の妊産婦の死亡率を 10 万人当たり 70 人未満に削減する。	5.妊産婦の健康状態の改善
3.2	すべての国が新生児死亡率を少なくとも出生 1,000 件中 12 件以下まで減らし，5 歳以下死亡率を少なくとも出生 1,000 件中 25 件以下まで減らすことを目指し，2030 年までに，新生児および 5 歳未満時の予防可能な死亡を根絶する。	4.乳児死亡率の引き下げ
3.3	2030 年までに，エイズ，結核，マラリアおよび顧みられない熱帯といった伝染病を根絶するとともに肝炎，水系感染症およびその他の感染症に対処する。	6.HIV/エイズ，マラリア，その他の疾病のまん延防止
3.4	2030 年までに，非感染症疾患（NCD）による早期死亡を，予防や治療を通じて 3 分の 1 減少させ，精神保健および福祉を促進する。	
3.5	麻薬乱用やアルコールの有害な摂取を含む，薬物乱用の防止・治療を強化する。	
3.6	2020 年までに，世界の道路交通事故による死傷者を半減させる。	
3.7	2030 年までに，家族計画，情報・教育，およびリプロダクティブ・ヘルスの国家戦略・計画への組み入れを含む，性と生殖に関するヘルスケアをすべての人々が利用できるようにする。	5.妊産婦の健康状態の改善
3.8	すべての人々に対する財政保障，質の高い基礎的なヘルスケア・サービスへのアクセス，および安全で効果的，かつ質が高く安価な必須医薬品とワクチンのアクセス提供を含む，ユニバーサル・ヘルス・カバレッジ（UHC）を達成する。	
3.9	2030 年までに，有害化学物質，ならびに大気，水質および土壌の汚染による死亡および病気の件数を大幅に減少させる。	

アフリカなどの開発途上国では40歳代に留まっているという例に代表される経済格差を生み出す南北問題が，健康格差として地球規模で表れているような状況下で策定された。そのため，保健に関する目標として「乳児の死亡率の軽減」，「エイズ・結核・マラリア等の感染症の克服」，「妊産婦の健康状態の改善」などプライマリーヘルスケア（Primary Health Care: PHC）に含まれるような内容となっている。

　一方でSDGsでは，心血管疾患や糖尿病などの生活習慣病（非感染症疾患，NCDs），精神疾患，薬物依存，交通事故に代表されるように，先進国で大きな問題であり，途上国で深刻な問題となりつつあるような問題も含まれている。

　心の健康教育との関連でいえば，薬物乱用やアルコール依存といった精神保健（mental health）の問題がターゲットに含まれるようになったことは注目に値する。また，**ヘルスプロモーション**（health promotion）の観点からいえば，健康教育によって育成できる知識や価値観，スキルなどの資質や能力のような個人で管理できる部分と，健康的な公共政策や法整備への取り組みといった個人では管理できない部分がある。

　SDGsでは，ターゲット3.8の税や保険を財源とした公共の保険・医療の保障制度（日本の国民健康保険）などの仕組みを整備することによって，貧困層を含めたすべての人が医療保健サービスを受けられる**ユニバーサル・ヘルス・カバレッジ**（UHC）を実現するというような，個人では管理できない部分も含めてターゲットが設定されている。

　心の健康教育では，当然のことながら性や人種などの多様性に関する内容も扱うべきであるが，SDGsでは「**誰一人取り残さない**」の理念のもと，その他様々な目標やターゲットが示されている（表3-2）。大きな3つの枠組みでいえば，「開発系の目標」や「持続可能な開発」よりも，「持続可能な社会づくり」の目標により多く含まれているといえるだろう。興味深い点として，ジェンダーに関して「5.1 あらゆる場所におけるすべての女性および女児に対するあ

らゆる形態の差別を撤廃する」となっているだけで，達成期限が一切書かれていない。つまり，女子や女性に対する差別や不公正の解消が喫緊の課題であることを示しているのである。ただし，ジェンダーという面では，女性のみのエンパワーメントに重点が置かれており，LGBTやSOGIといわれる**セクシャルマイノリティ**の問題

表3-2　多様性に関わる主な目標とターゲット
（国連，2015をもとに作成）

SDGsの目標		SDGsのターゲット	
4	質の高い教育をみんなに	4.3	2030年までに，教育におけるジェンダー格差を無くし，障害者，先住民および脆弱な立場にある子どもなど，脆弱層があらゆるレベルの教育や職業訓練に平等にアクセスできるようにする。
8	働きがいも経済成長も	8.5	2030年までに，若者や障害者を含むすべての男性および女性の，完全かつ生産的な雇用および働きがいのある人間らしい仕事，ならびに同一労働同一賃金を達成する。
10	人や国の不平等をなくそう	10.2	2030年までに，年齢，性別，障害，人種，民族，出自，宗教，あるいは経済的地位その他の状況に関わりなく，すべての人々の能力強化および社会的，経済的および政治的な包含を促進する。
		10.3	差別的な法律，政策および慣行の撤廃，ならびに適切な関連法規，政策，行動の促進などを通じて，機会均等を確保し，成果の不平等を是正する。
11	住み続けられるまちづくりを	11.2	2030年までに，脆弱な立場にある人々，女性，子ども，障害者および高齢者のニーズに特に配慮し，公共交通機関の拡大などを通じた交通の安全性改善により，すべての人々に，安全かつ安価で容易に利用できる，持続可能な輸送システムへのアクセスを提供する。
		11.3	2030年までに，女性，子ども，高齢者および障害者を含め，人々に安全で包摂的かつ利用が容易な緑地や公共スペースへの普遍的アクセスを提供する。
16	平和と公正をすべての人に	16.7	あらゆるレベルにおいて，対応的，包摂的，参加型および代表的な意思決定を確保する。

にまでは踏み込めていない。このことは今後の課題であろう。

　最後に，教育という営みに関して述べているターゲット4.7「2030年までに，持続可能な開発のための教育および持続可能なライフスタイル，人権，男女の平等，平和および非暴力的文化の推進，グローバル・シチズンシップ，文化多様性と文化の持続可能な開発への貢献の理解の教育を通して，すべての学習者が，持続可能な開発を促進するために必要な知識および技能を習得できるようにする」は，まさに心の健康教育が直接関わるものであるといえよう。

3　SDGsに向けた心の健康教育

　誰もが取り残されず活躍できる社会は，一人ひとりが世界の課題を「自分ごと」としてとらえ，多様な立場で具体的なアクションに取り組んでいくことなしには実現しえない。そのために教育に求められることは，単にSDGsや健康についての知識を教えることではなく，世界の課題を自分で引き受けその解決に向けて主体的に関わろうとする態度を形成し行動を変容させることである。

　SDGsと共通する理念や姿勢だけではなく，このような価値観や態度もまた，コミュニティ心理学と共通している。山本（1986）は，コミュニティ心理学のコミュニティという言葉は，地域という訳語に還元できない価値的・態度的意味を持つとして次の4つを挙げている。①人間を全体としてとらえる，②共に生きよう，共に生きているのだ，③それぞれの人が，その人なりにいかに生きていけるのか，けっして切り捨てのない社会をどう追求するのか，④自分たちの責任で生きよう。われわれ一人ひとりの主体的参加が大切である。この4つの価値的・態度的意味は，SDGsではまさに「誰一人取り残さない」というスローガンに表されている。

　このようなSDGsやコミュニティ心理学の価値観や態度は抽象的であるため，それ自体を教えても価値観や態度は変容しない。予防やジェンダーといった身近で切実な課題を通じて，価値観や態度を形成していく。つまり，SDGsに向けた教育では，具体的な知識や技能の習得を通して，価値観や態度を形成していくことが目的と

なる必要がある。心の健康教育を実施するということは，教育を通じて社会を変革する営みであるといえよう。

■引用文献

Bronfenbrenner, U. 1979 *The ecology of human development: Experiment by nature and design*. Harvard University Press. [磯貝芳郎・福富 護(訳) 1996 人間発達の生態学 川島書店.]

国連 2015 我々の世界を変革する——持続可能な開発のための 2030 アジェンダ(外務省仮訳). http://www.mofa.go.jp/mofaj/files/000101402.pdf (2020年11月11日閲覧)

国連広報センター 2015 国連ミレニアム開発目標報告2015：要約版. http://www.unic.or.jp/files/14975_3.pdf (2020年11月11日閲覧)

三宅隆史 2016 MDGsからSDGsへ. 田中治彦・三宅隆史・湯本浩之(編) SDGsと開発教育 学文社.]

Moritsugu, J., Wong F. Y., & Duffy, K. G. 2010 *Community psychology*. Allyn & Bacon.

Rappaport, J. 1977 *Community psychology: Values, research, and action. Holt. Rinehart & Winson*.

田中治彦 1994 南北問題と開発教育 亜紀書房.

田中治彦 2008 国際協力と開発教育——「援助」の近未来を探る 明石書店.

田中治彦 2019 SDGsとまちづくり. 田中治彦・枝廣淳子・久保田崇(編) SDGsとまちづくり 学文社.

植村勝彦 2007a 社会変革. 日本コミュニティ心理学会(編) コミュニティ心理学ハンドブック 東京大学出版会.

植村勝彦 2007b 生態学的視座. 日本コミュニティ心理学会(編) コミュニティ心理学ハンドブック 東京大学出版会.

World Commission on Environment and Development (WCED) 1987 *Our common future*. Oxford University Press. [大来佐武朗(監修) 1987 地球の未来を守るために——Our common future 福武書店.]

山本和郎 1986 コミュニティ心理学——地域臨床の理論と実践 東京大学出版会.

付記：図3-1(※1)は，United Nations Sustainable Development Goals(https://www.un.org/sustainabledevelopment/)より国連の許可を得て掲載。ただし，本章の内容は国連の正式な承認を受けたものではなく，また国連やその職員，加盟国の見解を反映したものではない。

第2部
基本となる
理念・理論

　第2部では，心の健康教育の実践を支えるいくつかの理論についてまとめた。具体的には，予防，ストレス・マネジメント，メンタルヘルス・リテラシー，健康行動理論とその研究成果について解説している。心の健康教育の効果を高めていくためには，そのメカニズムを解明する必要があることはいうまでもない。教育実践者がそれに資することは責務であり，広く現代社会からの期待でもある。

4 予防としての心の健康教育

久田　満

　　小中学校や高等学校，あるいはその後の大学等で行われるあらゆる種類の「教育」は，極論すれば，将来社会人になったときに備えて，より良く，そして幸せに生きていくための準備といってもいいであろう。準備，すなわち，健康を害しないように「備える」という意味で，心の健康教育は「予防」として位置づけられよう。いうまでもなく，より良く幸せに生きていくためには心や身体が健康であることが大切な条件となってくるからである。

　　心身の健康に関する学校での授業は，主として保健体育として行われているが，教育現場で働く心理専門職は，心の健康を保持増進するための介入方法や効果の評価法に関する専門知識を身に付けておかなければならない。医療の現場においても，病院などの治療機関では患者の退院時には「再発しないように」何らかの教育的指導が行われているし，患者の家族に対しても様々な教育プログラムが実施されている。今後は，職場や地域社会での心の健康教育の重要性も高まってくると予想される。

　　しかしながら，これまでの日本の心理専門職のほとんどが「予防」に関する知識も経験も持ち合わせておらず，「査定」と「治療」を中心に学んできた。いかに治療するかが課題となる伝統的な臨床心理学的アプローチとは異なり，コミュニティ心理学では予防が重視される。医学には病気の予防を扱う**公衆衛生学**という領域があり，様々な研究と実践，そして医学生や初学者を対象とした教育が行われてきたが，コミュニティ心理学の基本的考え方には，この公衆衛生モデルの影響が大きく反映している（Mann, 1978; 山本, 1995）。

　　本章では，まず初めに公衆衛生学の考え方を紹介し，その考え方

を精神医学の領域に最初に導入した**キャプラン**（Gerald Caplan）の「予防精神医学」の内容を簡潔に解説する。さらに，近年，米国において拡大しつつある新たな予防の分類基準にも言及する。そして，最後に「自殺予防」の実際について紹介する。

1 予防とは何か

1 公衆衛生の考え方

　精神分析や認知行動療法，あるいは来談者中心療法といった伝統的な臨床心理学的アプローチでは「いかにして患者（クライエント）を治すか」が中心的課題である。これに対して，コミュニティ心理学では，「**治療より予防**」という基本理念が共有されている。換言すれば，この予防の重視という考え方がコミュニティ心理学の大きな特徴であり，この基本理念を最も重要視している研究者も多い（例えば，Duffy & Wong, 1996; Korchin, 1976; Rappaport, 1977など）。

　一般に医療といえば病気の治療が連想されるであろう。しかし，医療の中には予防を中心的課題に位置づける公衆衛生学という領域がある。1920年代の米国において公衆衛生学の基礎を作った**ウインスロウ**（Charles-Edward Amory Winslow）によれば，**公衆衛生**（public health）とは「病気を予防し，寿命を延ばし，健康とよき生活をもたらす科学と技術」と定義される（中村，2019）。この定義からも，一般に連想される医学（厳密には臨床医学と呼ばれる）とは異なり，公衆衛生では予防に重点が置かれていることが明らかであろう。

　病気の予防を考える際，それぞれの病気の自然史を考慮に入れなければならない。病気の自然史とは，ある病気が発症してから治癒または死亡に至るまでの時間的な流れのことである（図4-1）。すなわち，「無病期（健康期）」→「潜伏期」→「有病期」→「回復期・寛解期」となる。公衆衛生では，このような時間的流れに添って予防を3つの段階に分けて考える（Leavell & Clark, 1953, ただし，小椋，2000より引用）。それぞれ，**一次予防**（primary prevention），**二次予防**（secondary prevention），そして**三次予防**（tertiary prevention）と呼ぶ。

無病期 （健康期）	潜伏期	有病期	回復期・寛解期

一次予防	二次予防	診断・治療	三次予防

図 4-1　病気の自然史と予防の位置づけ
（Leavell & Clark, 1953 および小椋, 2016 をもとに作成）

　一次予防とは，疾病が存在しない，すなわち健康な人々に働きか
けて疾病の発生を未然に防ぐことを意味する。ある期間内に新たに
発生した患者数を単位人口当たりで表した指標を**発生率**（incidence）
または**罹患率**というが，一次予防とは，端的にいえば一定の集団に
おける発生率を減らすことである。身体疾患では，細菌やウイルス
が体内に侵入しないように手洗いをする，予防接種を受ける，生活
環境を清潔にする，食習慣を改善することなどによって一次予防が
可能となる。

　二次予防は，罹患してはいるが症状がいまだ見られない状態（潜
伏期）の人々や初期症状の兆候が観察された人々に対して行われる
「早期発見・早期治療（早期介入）」である。健康診断によって，ま
だ症状が顕在化していない初期の段階で疾患を発見し有効な治療を
施せば，その疾病の重篤化や慢性化，あるいは合併症を防ぐことが
できる。ある時点または，ある期間における患者数（新たな患者数＋
以前からの患者数）を単位人口当たりで表した指数を**有病率**
（prevalence）というが，二次予防とは一定の集団における有病率
を下げることであると定義できる。

　三次予防は，ひととおりの治療が終わった「回復期」あるいは
「寛解期」にある人々に対する再発防止策やリハビリテーション（社
会復帰）を意味する。後遺症や機能障害が残らないように比較的早
期に理学療法を開始するとか，虚血性心疾患や脳梗塞の患者に対し
て再発予防のための薬物療法を継続することなどが日常的に実施さ
れている。

このように，予防を一次，二次，三次に分けるという考え方は，わが国の医療現場においては広く認められており，厚生労働省が提唱する精神保健行政の方針などもこのモデルに従って立てられている。とはいえ，これら3つのレベルの予防は境界が曖昧で厳密に区分できるものではなく，一連の医療行為として実施されているのが現状である。

2　予防の方程式

　精神障害の予防として，何をどうすればいいのかと問われた場合，おそらく多くの人が「心の状態を悪化させる要因を取り除く」と考えるのではないだろうか。精神疾患を含む病気の増加や拡大を促進する要因は「**リスク要因（危険因子）**」と呼ばれ，先天的な脆弱性，ウイルスや細菌，悲観的な性格特性，アルコールや危険薬物の摂取，身近な家族やペットの死，失業，育児や高齢者介護，戦争や大災害など，多種多様なリスク要因が見いだされている。これら様々なリスク要因を特定し，それに対して働きかけるという手法がある。

　一方，基礎体力や免疫力，経済的な余裕，高い自尊感情，適切なストレス対処法，ソーシャルサポート，近年注目されているレジリエンスなど，リスク要因が存在しても健康を維持できる要因を「**保護要因（保護因子）**」と呼び，それらを強化したり活用したりして病気にならないようにする予防法がある。どちらの方法も有効であり，対象となる疾患や介入を試みる時期などを考慮して実施すべきであるが，Cowen（1996）が主張しているように，保護要因をターゲットにする方法のほうが動機づけの点からもより効果的であるといわれている。

　精神障害の発生確率は，リスク要因と保護要因とで下記に示したような方程式で表すことができる。予防とは，この方程式の分子を減弱させ，分母を強化することであるといえる。

$$精神障害の発生率 = \frac{リスク要因（身体的脆弱性＋ストレッサー＋その他）}{保護要因（ソーシャルサポート＋自尊感情＋その他）}$$

4 予防としての心の健康教育

2 キャプランの予防精神医学

1 一次予防

　公衆衛生学における予防という概念を精神医療の中に取り込んだのが精神科医**キャプラン**である。彼が1964年に発表した『予防精神医学の諸原則』の中で論じられている様々な課題やそれに対する取り組みは，今現在のわが国における精神保健（mental health）の課題に対する取り組みを考えるうえで参考になるものが多い。

　彼は「**予防精神医学**」を次のように説明している（Caplan, 1964/1970, p.17）。すなわち，①地域社会においてあらゆる型の精神異常の発生を減らす（一次予防），②それでもなお起こる精神異常のうち多くのものの罹患期間を短縮する（二次予防），③それらの精神異常から生ずる障害を軽減する（三次予防）ための計画を立案し，実行するために用いられる理論と実践の専門的知識の集成であると。キャプランのこの考え方は，個々人の治療というよりも，まさにコミュニティ全体の精神保健に関するニーズに応えるプロセスであり，その実現には精神科医だけでなく，心理専門職，ソーシャルワーカー，看護専門職（看護師や保健師），さらには教育や法律の専門家，指導的立場にある一般市民や非専門家らとの協働（コラボレーション）が必要であることを強調している。

　キャプランの**一次予防**という考え方と実践は，人間が健全に成長していくためにはそれぞれの発達段階において必要とされる「必需品」が適切かつ持続的に「供給（supply）」されなければならないという基本仮説に基づいている。適切な食事を摂らなければ栄養が不足して身体的な障害が生じてしまうのと同じように，心の発達にも供給されなければならない必需品があると仮定する。

　まず，「**物質的必需品**」として，安心して暮らせる住居環境，外部からの危険から逃れられる避難場所，あるいは楽しみを分かち合えるレクリエーション施設などが挙げられよう。次に，「**心理社会的必需品**」として，彼は家族からの愛情を重要視している。今日わ

が国においても大きな社会問題となっている児童虐待などを例に，親に愛されケアされるという心理社会的供給が絶たれることが子どもの心の健康保持に重大な悪影響を引き起こすと指摘している。しかしながら，この一次予防の考え方は，乳幼児期に限らず一生を通じて適用可能なものであり，例えば青年期には学校での仲間関係，成人期には仕事上の人間関係を通して「心理社会的必需品」が供給されなければならないといえよう。3つめのカテゴリーとして，「**社会文化的供給**」がある。これは，その人の社会的役割や職業上の業績，あるいは他者からの肯定的評価を意味し，中高年者の精神健康の保持増進にとって不可欠な要素であるといえる。例えば定年退職者に対して，たとえ収入にはならなくても，顧問とか世話人というような何らかの社会的役割を提供することは，総人口の4人に1人が後期高齢者（75歳以上）となる「**2025年問題**」の解決を考える際のヒントとなるだろう。

2 二次予防

　二次予防の目的は，まだ明確な症状を呈していない潜在的な患者やわずかに疾患の兆候（例えば，倦怠感，不安，不眠など）を示し始めた人々を対象とし，罹患期間を短縮することによってその疾患の重篤化や慢性化を防ぐことである。この目的を達成するためには，早期の診断技術と有効な治療方法が必要となる。この「診断と治療」という側面だけに注目すれば，特に予防と呼ぶ必要はないだろう。しかし，キャプランが主張するように，二次予防の目的は個人への対応ではなく，ある一定のコミュニティに暮らす人々の有病率を低下させることである。したがって，医療施設に訪れる患者だけを診るという姿勢ではなく，そのコミュニティ内の全ての潜在的な患者に関心を向けなければならない。いかに早くかつ効率的に患者を見つけ出すかが二次予防の課題となる。身体疾患はもちろんのこと，統合失調症を含む多くの精神障害においても，発症から治療開始までの期間が短いほど，治療成績が良好で再発率も低くなることが近年の研究から明らかになっている（小椋，2016）。

心理学が二次予防に貢献できることとして，精神障害の早期発見のための心理検査の開発が挙げられる。いうまでもなく心理検査の結果だけで精神障害を特定することはできないが，精度の高い心理検査を用いて，ある特定の集団に**スクリーニング**（ふるいに掛けること）を実施することで，効率よく早期発見が可能となる。日本では，誕生から就学までの間にいくつかの集団検診があり，そこが早期発見の場となっている。また，多くの大学では新入生全員を対象にある種の心理検査を実施し，その結果から何らかの精神障害が疑われる学生をピックアップし，保健センターや学生相談室などで精神障害ではないか確認するという一連のプログラムを導入している。労働衛生法の改正により，2015年12月から労働者が50名以上の事業所に実施が義務付けられた**ストレスチェック**は，自記式のアンケートに回答することによって自分の精神状態を知ることができる仕組みであり，精神的な不調を早期に発見することができるという点において二次予防の好例である。

　しかしながら，現実には二次予防の実施にはいくつかの課題もある。例えば，早期発見が可能となったとしても，障害を疑われる人々をどのようにして治療に繋げるかが大きな問題となっている。「あなたは，○○病に罹（かか）っている可能性があります」と告げられても，すぐに精神科の外来や心理専門職がいる相談センターに駆け込むとは限らない。むしろ拒否することも珍しくはない。この現象は**サービスギャップ**と呼ばれ（Stefl & Prosperi, 1985），コミュニティ心理学における重要課題のひとつとなっている。

　そのギャップを埋める方法としてしばしば行われているのは，精神障害とその治療に関する情報を，周囲の人々（家族，教師，同僚など）や組織の管理的立場にある人々，さらには精神科以外の医療専門職（例えば，かかりつけの内科医）に的確かつ効率よく伝えることである。学校や会社における集団に対する教育や研修，パンフレット等の配布，テレビやラジオでの健康番組，さらに最近ではインターネットを利用しての情報提供が行われるようになった。

　Korchin（1976）によれば，本人や周囲の人々に提供する情報に

は，少なくとも次の3点が含まれていなければならないという。第一は初期の兆候や症状である。明らかな幻覚や妄想ならば周囲も気づくが，「とても疲れているのに朝早く目が覚めてしまう」は，しばしばうつ病にみられる代表的な症状である。

　第二は利用可能な資源についての情報である。どこに行けば誰に会えるか，そこではどんな治療や支援が得られるか，費用はいくらかなどである。内科や外科ならばどんな医療サービスが受けられるかは広く知られてはいるが，精神科や心理相談センターの場合は，まだ十分に知られているとは言い難い。

　そして第三に，精神障害やその支援方法についての誤解や偏見を取り除くような情報である。近年，わが国でも，大都市圏ではいわゆる「メンタルクリニック」が目立つようになり，精神科の敷居が低くなったといわれる。しかし，地方では精神科医療に対する偏見がいまだに根強いところもあり，二次予防の中心的課題はいかにしてそのような偏見をなくすかであるといっても過言ではない。匿名で上記のような情報が入手できる電話相談（村瀬・津川，2005）やSNSによる相談（杉原・宮田，2019）の二次予防としての存在意義が今後ますます大きくなっていくと予想される。

3　三次予防とリハビリテーション

　三次予防とは，疾病からの回復期にある人々に焦点を当て，症状を遷延化させる要因を減らして再発を予防するとともに，慢性化に伴って生じる障害の程度を最小限に食い止め，できる限り元の生活に近い状態に戻れるように支援することである。端的にいえば，三次予防とは**リハビリテーション**である。

　ところで，リハビリテーションを単なる「機能回復訓練」だと誤解している人は多い。リハビリ室で歩行訓練をしている高齢者やトレーニングルームで筋力増強に励んでいる手術後のスポーツ選手の姿が思い浮かぶからであろう。しかしその本来の意味は，無実の罪で名誉を剥奪されて人間としての尊厳を失った人を再び望ましい状態へと立ち戻らせること，すなわち「**全人間的復権**」であり（上田，

4　予防としての心の健康教育

049

1987)，基本的人権が保障された「市民」としての社会生活に復帰していくこと，そしてその過程を支援することである。

　三次予防では，発病時から施設内での治療と並行して社会復帰に向けてのプログラムを開始することが重要である。日本における精神障害者の在院期間が極端に長いことは関係者の間では周知の事実であり，恥ずべきことである。国全体で新規入院患者ができるだけ早く地域社会に戻れるように様々な努力がなされなければならない。作業療法やレクリエーション活動，社会的スキルの獲得を目指した**社会的スキル訓練**（Social Skills Training: SST），個々の能力や興味に応じた職業訓練プログラムなどを量・質ともに充実させていかなければならない。さらに，多様なサービスを地域内に用意して，再入院を防止することも重要である。米国では，1960年代以降，入院施設と地域社会との間に「橋渡し」的な中間施設，例えばハーフウェイ・ハウスやナイト・ホスピタルなどが数多く作られてきた。日本でも，精神保健福祉法等の法律に基づいて，生活訓練施設，ショートステイ施設，福祉ホーム，授産施設，福祉工場といった社会復帰施設や精神科デイ・ケア施設などが整備されてきている。

　以上のような公的な施策とともに，三次予防において重要な役割を演じるのは**自助グループ**（self-help group）である。自助グループとは，同じ障害や悩みを持つ当事者同志が情緒的に支えあいながら，重要な情報を交換し，共有する目標に向かって活動する集団のことである。その始まりは，1930年代中頃のアメリカで誕生した「**アルコール依存症者匿名協会**（**AA**: Alcoholics Anonymous）」であるとされている（Kurtz, 1997）。日本でも，第二次世界大戦後，「日本患者同盟（1948年）」や「日本盲人会連合（1948年）」などのいわゆる患者会が設立され，その後，患者会以外にも大小様々な自助グループが相次いで誕生した。例えば，「全日本断酒連盟」や「認知症の人と家族の会」などは，現在全国規模で活動を展開しているが，もっと小規模な集団や近年急増しているインターネット上のグループまで含めると，その数は何千とも何万ともいわれている。

　三次予防を効果的に進めるためには，各種支援機関へのアクセス

を容易にして誰でも気軽に相談できるような体制にすることが必要である。同時に，保健医療機関，中間施設，福祉施設，職業指導施設，自助グループなどの間に緊密な連携体制が確立されていなければならない。しかし，最も重要なことは，地域社会の中に精神障害や精神障害児・者に対する理性的で思いやりのある態度を浸透させることである（Korchin, 1976）。あらためて強調しておきたいのは，コミュニティ心理学が目指すことは，既存の環境に人を適応させることではなく，**人と環境の適合性**（person-environment fit）を向上させることである（Murrell, 1973）。その目的を果たすためには，ともに暮らす一般住民の受容的態度（心のバリアフリー）の醸成が必要不可欠である。精神障害とは個人の内部における純粋な病理現象（illness）というよりも，周囲の人々や社会全体との関係性から生じる現象，すなわち**事例性**（caseness）としての側面が強い。極論すれば，重篤な病理を抱えている障害者でもコミュニティ全体がその人のハンディをカバーするだけの寛容的な態度を有していれば，「事例」とはならないのである。障害は人にあるのではなく，環境（コミュニティ）にあるといえよう。

3 予防の将来

1 新しい予防の概念

　近年，米国において「予防」という用語は，医学的診断がつく前の状態の人々に対する一次予防に限定して用いられる傾向にある。先鞭を切ったGordon（1983）によれば，新しい予防の概念は，対象とする集団によって以下の3種類に分類される。

　ひとつは**普遍的予防**（universal prevention）と呼ばれ，全ての健康な人々を対象とした介入である。適切な栄養，禁煙，歯磨き，シートベルトの着用，予防接種，職場や地域ぐるみのストレス・マネジメント（5章参照）など，専門家の直接的関与は必ずしも必要とせず，低コストで実施が可能で，危険性が少ないところが特徴である。

　2つ目は**選択的予防**（selective prevention）と呼ばれ，発病する

4
予防としての心の健康教育

可能性が比較的高い集団，すなわち**ハイリスク集団**を対象としたプログラムである。生物学的，心理社会的なリスク要因を持つ集団が対象となる。新入生や新入社員，人種的あるいは性的マイノリティ，ホームレス，シングルマザーやその子ども，退職予定者など，普遍的予防よりも対象範囲が絞られることや対象者の参加への動機づけが比較的高いことが特徴である。

　第三のカテゴリーは**指示的予防**（indicated prevention）と呼ばれ，診断基準を満たしてはいないので発症したとはいえないが，一般の健康人とは区別できる明らかなリスク要因，生活状況，病理性を有しているハイリスク集団が対象となる。将来の発病を示唆する最低限の症状や兆候あるいは生物学的マーカーの有無が基準であり，従来の二次予防と概念的に重なる点が多い。身体疾患の場合の血圧や血糖値のコントロール，予期される疾患に対する早期服薬，大腸ポリープ切除後の定期的検診などがわかりやすい例であろう。

　Gordon（1983）によって提唱された新しい分類をさらに洗練させたMrazek & Haggerty（1994）は，以下のように説明している（図4-2）。すなわち，早期発見・早期治療という二次予防は「**治療**（treatment）」に統一され，再発防止とリハビリテーションから成る従来の三次予防は「**維持**（maintenance）」と呼ばれ，上記3つのカテゴリーからなる「予防」と区別されるようになった。

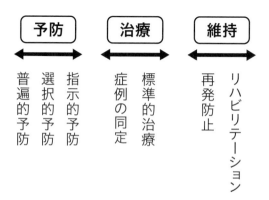

図4-2　精神障害に対する介入スペクトラム
（Mrazek & Haggerty, 1994をもとに作成）

2 予防の利点と今後の課題

　今日，日本では，狭義の精神障害に加えて，多種多様な心の問題がクローズアップされ，その解決が急がれている。子どもに対する虐待，青少年の非行や犯罪，不登校，いじめ，社会的引きこもり，配偶者間暴力（DV），犯罪や災害による精神的被害，アルコール依存や薬物依存，エイズなどの性感染症，過労死，高齢者介護など枚挙にいとまない。これらの諸問題に対する治療的対応ももちろん重要ではあるが，予防的介入の重要性についてもわれわれはもっと関心を持つべきであろう。

　予防の利点としては，①治療が困難な疾患でも何らかの支援が可能である，②医療費が払えないなどの経済的理由で治療を受けられない多くの患者やその予備軍にも働きかけることができる，③治療が困難な疾患の患者への対応に必要なマンパワーの不足を解消し，専門家一人ひとりにかかる負担を減らすことができる，などが挙げられる（Rappaport, 1977）。さらに，予防のほうがより経済的であるという利点がある（小椋，2016）。周知のように，国家予算に占める医療費の割合は，近年増加の一途をたどっている。このままでは日本の医療制度そのものが崩壊するのではないかとさえいわれている。予算の効果的な配分を考える場合，この経済的利点は重要なポイントであるといえよう。

　以上のような多くのメリットがあるにもかかわらず，米国においてですら予防に費やされる公的費用はわずかであるという（Scileppi, Teed, & Torres, 2000）。その理由として，第一に，健康な人々の将来の危険性を考えるよりも，今そこで苦しんでいる人々に何かを施すほうが医療者にとって魅力的だからである。その結果，ほとんどの精神科医や心理専門職は個人レベルの治療に関心が向いている。第二に，大学や大学院，病院などの研修施設では予防的介入のトレーニングを受ける機会がほとんどないことが挙げられる。予防の重要性は理解できても，その方法を教える人がいなければ取り組もうとする人は育たない。第三に，ほとんどの精神障害が単に生物学的要因だけではなく，社会的・経済的な諸要因を含む問題であり，

医療専門職だけでは取り組めないことも予防活動の普及を妨げている。医療専門職と他の専門職との連携が不十分であり，予防の効果が判っていても社会経済的あるいは法的な対応までには手が回らないのが現状である。

3　予防の倫理

　さらに，本格的に予防を実践しようとすると，そこには多くの複雑かつ解決困難な**倫理的問題**が待ち受けている。近年の目覚しい医療技術の進歩によって，半世紀前までは想像すらできなかったような検査や治療が可能となった。そのことはすばらしいことでもあるが，その一方で，行き過ぎた医療行為に対する反発や患者側の権利意識の向上によって，かつては黙って医療者側の方針に従っていた患者やその家族が様々な意向を表明するようになってきた。

　例えば，出生前診断やDNA検査などの医療技術が飛躍的に向上し，遺伝性疾患や染色体異常が容易に発見されるようになったが，診断がついても治療が不可能な疾患も少なくない。出産前に胎児の障害が判ったら親や医療者はどうするべきか。あるいは将来ある一定の確率で発症することが判明した治療不能な精神障害に関する情報をどう扱うべきであろうか。

　統合失調症の場合を考えてみても，近い将来それに罹患する可能性が高いと判定された子どもに対しての具体的介入を想像すると，多くの倫理的問題が浮き彫りにされる。スティグマやレッテル貼り，あるいは逆の「特別扱い」をどうやって防ぐか。子どもが対象となる介入を実施する際，保護者からも承諾，すなわち**インフォームド・コンセント**を得なければならないが，その際，どこまでの情報を開示すべきか。もし保護者が介入を拒否したら中断すべきか否か。あるいは，もしその保護者自身が精神障害や認知症で意思決定能力を十分に持っていない場合はどうするべきか。予防の実現に向けて取り組むべき課題は多い。

　以上のような倫理的問題は，医療技術の進歩と情報化社会の進展とともに今後急増するであろう。しかもこの傾向は精神保健に限っ

たことではなく，また予防にのみ関係することでもない。保健，医療，教育，福祉，司法，産業といった様々な場面での実践に関係してくる課題であり，研究や実践を続けて行く限り避けて通ることはできない。参考までに，Pope（1990）の示した一次予防プログラムに関する8つの倫理規範を簡潔に紹介する。

①誰に対しても決して不利益を与えてはいけない。

②大きな規模で実行する前に小さなサンプルでテストし，その結果を精査するべきである。

③参加者の利益となるよう設計すべきであって，心理学者のためのものではない。

④参加者に対して敬意と尊敬をもち，彼らの自由や権利を制限してはならない。

⑤実行およびその評価においては，参加者の匿名性が守られなければならない。

⑥インフォームド・コンセントの下でのみ実施し，情報をすすんで提供し，自発的な関与を促すようにすべきである。

⑦公平と公正を忘れずに計画し，介入者は文化的差異に十分配慮し，対象となる集団の価値や伝統に敬意を払うべきである。

⑧介入者は，そのプログラムのすべてについて説明責任を持つ。生起した結果が望ましくないものであっても，救済する手段を持ち合わせていなければならない。

4 予防の実際──自殺対策

　1997年までは年間約2万～2万5,000人程度であった日本の自殺者が，翌1998年に32,863人に急増し，自殺対策が国家レベルでの重要課題として認識されるようになった。その後，全国各地で様々な取り組みがなされ，2012年には15年ぶりに3万人を下回り，その後徐々に減少している。

　古典的な予防の概念に当てはめると，自殺予防は健康な集団を対象とした啓発・健康教育（一次予防），ハイリスク集団に対する早期

介入（二次予防），遺族のケアと自殺の連鎖を食い止める（三次予防）に分けられる。世界各国の調査から，自殺のリスク要因としてうつ病が指摘されているが，ここでは，うつ病の早期発見・早期治療（二次予防）を中核とする活動を展開し，自殺者を激減させた新潟大学医学部精神医学教室の活動を紹介したい（高橋ら，1998）。このチームは，高齢者自殺の多発地域として知られていた新潟県内のM町において，介入前には年平均434.6人（対10万人）だった高齢者自殺率を10年間で123.1人（同），さらにその後の4年間で96.2人（同）にまで減少させたのである。

　介入に先立ち，この町の65歳以上の高齢者全員（約1,000人）を対象にスクリーニングとしての心理検査を実施した。その得点によって，うつ病の疑いのある高齢者および他の自殺リスク要因（過去にうつ病の病歴がある，最近配偶者と死別した，最近医療機関から退院したなど）を有している高齢者をリストアップし，リスト上の全ての高齢者一人ひとりに精神科医が診断面接を行って，うつ病に罹患している高齢者（年間50〜70人）を同定した。このうつ病高齢者に対して，地元の診療所の医師が薬物治療を実施し，3名の保健師が分担して個別訪問指導を行った。このようにして大学病院の精神科医，地元の診療所の医師，そして保健師による協働支援体制を確立したのである。

　加えて，一次予防として，地域住民全体に対する教育・啓発活動も並行して実施した。「心の健康づくり相談会」と称する懇談会などを集落ごとに開催し，老人会はもとより婦人会，民生委員会，町役場職員なども巻き込み，高齢者の自殺を「町全体の問題」として捉え，そして「自分たちにも何かできることはないか」を考えてもらうように働きかけたのである。その成果が上述した数字に表された自殺者の減少である。この活動には心理専門職は参加していないが，複数の専門家や行政職，そして地域住民が協働して取り組めば，困難だと思われていたことが実現できることを示す好例であるといえよう（高橋，2004）。

　この先駆的な介入プログラムを参考にして，全国の自殺多発地域では，それぞれの地域の特徴に合わせた予防対策が実施され，成果

をあげている（河西，2009）。例えば，長年自殺率ワースト１であった秋田県では，秋田大学医学部公衆衛生学講座が中心となり，2001年から2005年にかけて予防的介入が実施された。県内の農村部に位置する人口約４万4,000人の地域を介入対象地区とし，その周辺を対照地域（人口約29万7,000人）とした。対照地域を設定したのは**準実験デザイン**によって介入の効果を科学的に検証するためである。介入メニューは，広報啓発活動，ゲートキーパー養成研修，住民を対象とした質問紙調査による「うつ状態」の人々の把握とハイリスク者への個別指導，保健師によるハイリスク者の継続的フォローなどであった。「**秋田モデル**」と呼ばれる地域全体を巻き込んだこの取り組みの効果として，介入の前後で47％もの自殺率の減少が認められたのである。一方，対照地域では統計的に有意な自殺の減少は見られなかった（Motohashi et al., 2007）。

この「秋田モデル」の特徴は，①大学，行政，住民が連携したこと，②住民の主体的参加，③アクション・リサーチなどであるが，住民（当事者）が自分たちの問題として積極的に関わったことが最も重要なポイントだったといえるだろう。

5 おわりに

旧来の治療モデル側に立つと，予防とは「言うが易し，行うが難し」の典型例であろう。倫理的課題も含めて，予防の実践には様々な課題がつきまとう。しかし，われわれは予防にもっと関心をもつ必要がある。最後に取り上げた自殺問題のほかに，児童虐待や配偶者間の暴力，いじめ，ハラスメント，自然災害などの様々な社会問題は，個人対個人の心理療法やカウンセリングでは永遠に解決しないであろう。

予防は一人あるいは少数の専門家ではどうにもならない。解決に向けては他の専門職や行政，あるいは自助グループや非専門家・ボランティアといった多職種間の連携・協働が不可欠である。その点も含めて，予防について考え，模索し続けることがコミュニティ心

理学の発展につながっていくといえる。

■引用文献

Caplan G. 1964 *Principles of preventive psychiatry*. Basic Books.［新福尚武（監訳）1970 予防精神医学 朝倉書店.］

Cowen E. 1996 The ontogenesis of primary prevention: Lengthy strides and stubbed toes. *American Journal of Community Psychology*, **24**, 235-249.

Duffy K. G. & Wong F. Y. 1996 *Community psychology*. Allyn & Bacon.［植村勝彦（監訳）1999 コミュニティ心理学——社会問題への理解と援助 ナカニシヤ出版.］

Gordon, R. S. 1983 An operational classification of disease prevention. *Public Health Report*, **98**, 107-109.

河西千秋 2009 自殺予防学 新潮選書.

Korchin S. J. 1976 *Modern clinical psychology: Principles of intervention in the clinic and community*. Basic Books.［村瀬孝雄（監訳）1980 現代臨床心理学 弘文堂.］

Kurtz, L. F. 1997 *Self-help and support groups: A handbook for practitioners*. Sage Publications.

Leavell, H. R. & Clark, E. G. 1953 *Preventive medicine for the doctor in his community*. McGrow-Hill.

Mann, P. A. 1978 *Community psychology: Concepts and applications*. Free Press.

Motohashi, Y., Kaneko, Y., Sasaki, H., & Yamaji, M. 2007 A decrease in suicide rate in Japanese rural towns after community-based intervention by the health promotion approach. *Suicide Life Threatening Behavior*, **37**, 593-599.

Mrazek, P. J. & Haggerty, R. J. 1994 *Reducing risks for mental disorders: Frontiers for preventive intervention research*. National Academy Press.

村瀬嘉代子・津川律子（編著）2005 電話相談の考え方とその実践 金剛出版.

Murrell, S. A. 1973 *Community psychology and social system: A conceptual framework and intervention guide*. Human Sciences Press.［安藤延男（監訳）1977 コミュニティ心理学——社会システムへの介入と改革 新曜社.］

中村信也（編著）2019 公衆衛生 同文書院.

小椋 力 2000 精神障害の予防. 小椋 力・倉知正佳（編）臨床精神医学講座S3——精神障害の予防 中山書店.

小椋 力 2016 予防精神医学——脆弱要因の軽減とレジリエンスの増強 星和書店.

Pope, K. S. 1990 Identifying and implementing ethical standards for primary prevention. *Prevention in Human Services*, **8**, 43-64.

Rappaport, J. 1977 *Community psychology: Values, research, and action*. Holt, Rinehart, and Winston.

Scileppi, J. A., Teed, E. L., & Torres, R. D. 2000 *Community psychology: A common sense approach to mental health*. Prince Hall.［植村勝彦（訳）2005 コミュニティ心理学 ミネルヴァ書房.］

Stefl, M. E. & Prosperi, D. C. 1985 Barriers to mental health service utilization. *Community Mental Health Journal*, **21**, 167-198.

杉原保史・宮田智基（編著）2019 SNSカウンセリング・ハンドブック 誠信書房.

高橋邦明・内藤明彦・森田昌宏・須賀良一・小熊隆夫・小泉 毅 1998 新潟県東頸城郡松之山町における老人自殺予防活動——老年期うつ病を中心に. 精神神経学雑誌, **100**, 469-485.

高橋邦明 2004 地域における高齢者への自殺予防活動. こころの科学, 118号.

上田 敏 1987 リハビリテーションの思想——人間復権の医療を求めて 医学書院.

山本和郎 1995 公衆衛生学とコミュニティ心理学. 山本和郎・原 裕視・箕口雅博・久田 満（編著）臨床・コミュニティ心理学 ミネルヴァ書房.

5 ストレス・マネジメントの理論と実践

久田　満

　ストレスという概念が日本に紹介されたのは約半世紀前のことである。今ではその意味を知らない人はいないであろう。小学生でも会話の中で「こんなに宿題が多いとストレス溜まっちゃうな〜」というように使っている。

　『広辞苑』第七版（新村編，2018）では，ストレスを以下のように説明している。

①語の中にある音節を際立たせるための総合的な声の大きさ，またはその音節の位置
②応力（物理学）
③種々の外部刺激が負担として働くとき，心身に生じる機能変化
④俗に，精神的緊張をいう

　言語学や物理学にもストレスという概念が存在することはあまり知られていないかもしれない。ストレスという言葉は日本では一般的に上記の④の意味で使われることが多いように思われる。例えば，ストレスが溜まるとか，ストレスが取れないという場合の多くは，精神的な緊張状態が続いていることを意味している。

　一方，ストレスという言葉は他の意味でも使われている。例えば「大都会の生活はストレスが多すぎて息苦しい」とか「あいつがストレスだから，組織が回らないんだ」などである。

　つまり，一般的には，『広辞苑』の③にあるように，「心身に生じる機能変化（精神的緊張など）」としても，その変化を引き起こす「外

部刺激」という意味でも，ストレスという言葉は広く日常会話に使われているといえる。

　結論からいえば，『広辞苑』での③，すなわちストレスとは心身に生じる機能変化を意味し，その変化を生じさせる外部からの有害刺激とは区別する。後に詳しく解説するが，ストレス学説を提唱させた**ハンス・セリエ**（Hanse Selye）は，生体内に生じる変化を「**ストレス**（stress）」または「**ストレス反応**」と呼び，その変化を生じさせる有害刺激を「**ストレッサー**（stressor）」と名付けた（Selye, 1976）。しかし，ストレッサーという言葉は一向に普及せず，セリエ自身も使わなくなったという（杉，2008）。その結果，今では，刺激という意味でも，それによって起きる反応という意味でも，ストレスという言葉が使用されている。

　では，「**ストレス・マネジメント**」はどうであろうか。その正確な意味は広く知られてはいないかもしれない。ただし，「私には○○が良いストレス解消になっている」という場合，その意味するところはストレス・マネジメントの一部が含まれている。

　この章では，ストレス・マネジメントとは何かを解説する。はじめに，そもそもストレスとは何かを説明し，その後に，様々な対処法（コーピング）を紹介したい。このストレスについての正しい理解と適切な対処法の習得がストレス・マネジメントの中核である。その際，今の自分のストレス状態を把握しておくことは対処法を選ぶうえで必要であり，習得した対処法を，あたかも毎日の歯磨きのように，習慣化することも大切である。その結果，ストレス対処法の習慣化は予防にもつながり，精神的健康を保持増進することが可能となるのである。

　このようにストレス・マネジメントには，①ストレスの理解，②自分のストレス状態の把握，③ストレス対処法の習得，そして④習慣化という4つの要素が含まれている。以下，その順に解説していく。

1 ストレスの理解

1 セリエのストレス学説

　歴史を振り返ると，先述したようにストレスという概念を医学・生理学の分野でも使い始めたのは，カナダの名門マギル大学医学部で生理学，特に内分泌学と呼ばれるホルモンの研究に没頭していた**ハンス・セリエ**である。もともと彼は，ウィーンで生まれたハンガリー系オーストリア人であった。プラハ大学医学部を卒業してすぐ，24歳のときにアメリカに留学し，カナダに移って多くの業績をあげた。その中でも1936年に科学雑誌 *"Nature"* に発表した「各種有害作用によって惹起された症候群（A syndrome produced by diverse nocuous agents）」という，わずか74行の短い論文が，後にセリエの**ストレス学説**と呼ばれる偉大な業績に発展していく原点となった（Selye, 1936）。

　セリエは動物（主にラット）を使った膨大な数に及ぶ実験から，悪性の刺激を受けた生体は，副腎皮質の肥大，胸腺やリンパ節の萎縮，胃や十二指腸潰瘍の発生が起きることを確認し，このような身体的な機能変化は，受けた刺激の種類にかかわらず，いつも同じであることを突き止めた。そして，このような反応を**一般適応症候群**あるいは**汎適応症候群（General Adaptation Syndrome: GAS）**と命名した（Selye, 1976）。

　この「刺激の種類にかかわらず，反応は同じである」という言説は，その時代の医学の常識を覆すものであった。当時（1930年代まで）の医学界では，ある特定の病気には特定の原因が存在する，言い換えれば，特定の原因が特定の症状を引き起こすと信じられていたからである。赤痢には赤痢菌が，コレラにはコレラ菌が，インフルエンザには〇〇型ウイルスが原因として特定されていて，新たな症状が観察される病気が流行すると，その病気の原因となる細菌やウイルスを発見することが医学の主流であったのである。

　セリエ（Selye, 1976）によると，非特異的，すなわち共通に見ら

れる症候という意味のGASは不快な外的刺激から自分自身を守ろうとする自己防衛的な反応とみなすことができ，以下の3段階で生じるという。

(1) 警告反応期 (alarm reaction)

　警告反応期とは，突然の強い刺激に生体がショックを受けた状態のことである。セリエはこの状態を「体内で鳴らされる非常ベル」という比喩で説明している。血圧や体温，血糖値が下がり，筋肉も緩む。この初期の段階を**ショック期**という。しばらくして生体は，このショックから立ち直ろうとする。血圧，体温，血糖値は上昇に転じる。筋肉にも緊張が戻る。この段階は，**反ショック期**と呼ばれる。つまり，警告反応期では，ショックのあまりいったんは低下した機能が上昇に転じる時期であるといえる。

　若干，補足する。外部から有害な刺激を受けると，生体内では，**内分泌系**の経路と**自律神経系**の経路が作動する。内分泌系の経路では，脳下垂体から**副腎皮質刺激ホルモン**（ACTH）が分泌され，それが血液の流れに乗って副腎皮質に達する。そうすると副腎皮質ホルモン（コルチコイド）が放出され，全身のリンパ組織に届き，そこを萎縮させるのである。一方，**自律神経**は普段の働きができなくなり，胃腸の内壁からの粘液の分泌が減少する。その結果，胃腸の内壁が荒れて出血したり潰瘍となったりするのである。

(2) 抵抗期 (resistance stage)

　抵抗期では，上述したコルチコイドの分泌が停止し，副腎皮質細胞は再びコルチコイドで満たされるようになる。それによってコルチコイドは体内の細胞を刺激し，蓄積されていた栄養素からブドウ糖を作り出す。まさに，大量のエネルギーが全身に供給されるのである。

　いったんは萎縮したリンパ組織も回復し，再びリンパ球を生産するようになる。そして，体内に侵入した細菌などを攻撃し始める。胃腸の内壁は粘液で保護され，出血や潰瘍は消失する。自律神経系

も活発化し，副腎皮質の内側にある副腎髄質からアドレナリンというホルモンが血液中に分泌され，全身にパワーがみなぎってくる。

このように抵抗期は，文字どおり外部刺激に対する抵抗力が増加し，生理的には安定した状態である。ただし，この時期に別の刺激に晒されると抵抗力は急激に低下してしまう。一点に集中している抵抗力では，他からの攻撃に対応できないのである。大きな手術の後に感染症になりやすいのはこのことを意味している。

(3) 疲憊期 (exhausion stage)

抵抗期の間に完全に復活すれば一件落着となるが，不快な状態が長期化すると，これ以上，適応状態を維持できなくなって，生体は疲労困憊してしまう。この段階を**疲憊期**と呼ぶ。体温は低下し，胸腺やリンパ節は萎縮する。副腎皮質の機能も低下して，ついには死に至る。

セリエは元々，内分泌学が専門であり，共通の（非特異的な）反応を引き起こすホルモンの発見とその作用に関心があった（Selye, 1976）。しかし，彼が活躍した当時は，微量の電気信号を測定したり記録したりする方法が確立されていなかった。そのため，電気によってコントロールされる自律神経系の働きについては最近になってようやく解明されつつある。例えば，セリエが注目した胃腸以外にも，心臓血管系もストレスと密接な関係にあることがわかっている。「心臓が張り裂けそうだ」という表現はこのことを意味しているし，いわゆる突然死と呼ばれる悲劇も大きなストレッサーが原因

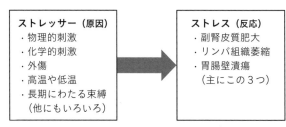

図 5-1　ストレッサーとストレスの関係（動物の場合）

となっていることも稀ではない。

　セリエのストレス学説をラット等の動物を念頭に図に示すと図5-1のようになる。

2　ストレッサーとストレス反応の関係

　人間にとっても，身体に有害な刺激はすべてストレッサーとなりうるが，いくつか代表的なものを挙げてみたい。

　まず，生物的なものとして，各種細菌やウイルスがある。細菌やウイルスの中には無害なものやむしろ身体に良いものも多いが，数日で人間を死に至らしめるものもある。物理的なものとしては，騒音，高圧電流，放射線，紫外線などである。また，化学的なものとしては，一酸化炭素，各種毒性物質，オウム真理教事件で知られるようになったサリン，最近ではPM2.5などが挙げられる。がんの治療に用いる薬剤に含まれる化学物質も人体の細胞に損傷を与えるという意味ではストレッサーと呼んでも間違いではない。がんの化学療法では，倦怠感や吐き気という症状（いわゆる副作用）がしばしば出現する。ちなみに，セリエはたまたま目に入った実験室のホルマリンをラットに注入して，その反応を確認している（杉, 2008）。これらの生物的，物理的，あるいは化学的ストレッサーについては，とにかく避けることや遮断することが効果的な対処方法となる。

　セリエの研究のほとんどが動物を用いた実験であり，比較的シンプルな実験計画に基づいて明快な結論を導き出すことができたが，人間の場合を考えるとそう簡単にはいかない。人間を対象にした心理的ストレス研究を初めて組織的に行ったのは，アメリカの心理学者**リチャード・ラザルス**（Richard Lazarus）で，1960年代中ごろからである。

3　人間におけるストレッサー

　先に挙げた生物的，物理的，あるいは化学的なストレッサーは，人間を含むあらゆる生物に対してストレス状態を引き起こし，ときに死に至らしめるものである。一方，人間に特有な心理社会的スト

レッサーについては，以下の３つのカテゴリーに分けて解説する。

⑴ 日常生活上の大きな出来事（major life events）

　1930年代に活躍したアメリカの精神科医，**アドルフ・マイヤー**（Adolf Meyer）は，豊富な臨床経験から，患者の多くが発病に至るまでの間に，様々な刺激的な出来事に遭遇していることに気づき，診断の道具として「生活図（Life Chart）」を用いることを提唱した。彼の言わんとしたことは，度重なる生活上の出来事が精神障害の発生原因となるということである（植村，1985）。

　精神障害の発症には日常生活上の出来事が関係している可能性があるというマイヤーの仮説を受け継ぐ形で，生活上の出来事の影響をテーマとした研究が数多く発表されるようになった。その代表的な研究がHolmes & Rahe（1967）の「**社会的再適応評価尺度**（Social Readjustment Rating Scale: SRRS）」の開発である。日常生活を営む中で体験するストレッサーを数値化しようという試みである。

　彼らは，「転職」とか「出産」とか「入学」といった比較的大きな出来事が個人の生活様式に何らかの変化を要求するとしたら，その出来事はストレスフルであると捉え，元の安定した状況に再適応するために必要な心のエネルギーの量をストレス量として測定することに成功した。彼らは「もし『結婚』を経験した後に安定した生活に戻るために必要なエネルギー量を500とした場合，○○という出来事の場合はどれくらいの数値になりますか？」という教示を行い，394名のアメリカ人に回答を求めた。項目（出来事）ごとに平均値を算出し，（それを10で割った）値をストレッサーの量（Life Change Unit: LCUと呼ぶ）とみなしたのである。調査対象者に示した出来事とは，LCU得点の大きいものから順に「配偶者の死（100）」，「離婚（73）」，「配偶者との別居（65）」，「刑務所に入る（63）」など43個である。逆に得点が小さいものとしては，「食習慣の変化（15）」，「休暇（13）」，「クリスマス（12）」，「軽い法律違反（11）」であった。「配偶者の死」が（100）であることから，「結婚（50）」の２倍，

また「離婚（73）」は「結婚」の約1.5倍の再適応エネルギーが必要であることがわかる。

　調査対象者はこのような生活上の出来事リストを提示され，過去6カ月ないし1年の間にどれを体験したのかが問われる。体験した出来事の数とその点数から総合得点が算出されるが，この得点が高くなるほど何らかの精神障害が起きる確率が高くなるといわれている（小杉, 2006）。「クリスマス」がストレスフルな出来事であるということに驚く人もいるかもしれないが，そのシーズンのアメリカ人は買い物や部屋の掃除，パーティの準備などでかなり忙しくなることが想像できる。

　このSRRSは精神障害の発生をある程度予測できることができ，そのままの形で用いられることもあったが，結婚や離婚，転職など大学生以下の年齢層では体験する可能性が小さい出来事や「生活条件の変化」といった曖昧な出来事が項目として含まれていることに疑問を抱いた久田・丹羽（1987）は，日本の大学生なら体験しそうな項目（アルバイトを始めた，家族の経済状態が変化した，信頼していた友人や先輩に裏切られた，課題が大変な授業を受けるようになったなど）を67個収集し，大学生に特化した生活ストレッサー尺度（College Life Experiences Scale: CLES）を作成している。都内の大学生419名のデータから，回答者がネガティブだと感じた体験数が多いほど抑うつ傾向が強くなることが明らかとなった。

　人間におけるストレッサー研究の先駆者として，**ドーレンヴェント夫妻**（Bruce P. Dohrenwend & Barbara Snell Dohrenwend）の「Stressful life events研究」も挙げておかなければならない（Dohrenwend & Dohrenwend, 1974）。彼らは，社会精神医学的視点に立ち，大きな人間集団を対象に行った数々の研究成果から，包括的なストレスモデルを提唱している。そのモデルでは，動物実験室という単純な生活環境をはるかに超えた様々な要因（変数）が影響を及ぼしていることが示されている。ストレスフルな生活上の出来事が一時的なストレス反応を引き起こすことは間違いないものの，その背景としての政治体制や経済状態を含んだ「環境」という

要因と教育レベルや家庭内での社会化を含んだ「個人の特性」という要因がある。さらに，ストレスフルな出来事が引き起こした心身の反応が精神疾患に至る過程には，個々人の願望や価値観，対処能力と生活環境からの物質的・心理社会的要因が媒介し，発病には至らない場合や，むしろ心理的な成長につながることにまで言及されている。一言でいえば，人間の場合ははるかに複雑な要因が影響し合っているということである。

(2) 日常的な苛立ち事（Daily Hassles）

　社会的再適応評価尺度（SRRS）では，かなり大きな出来事が生活ストレッサーとして考えられているが，むしろ比較的軽い出来事で，苛立ちを感じることの積み重ねがストレッサーになることに注目したのがラザルスらのグループである（Kanner et al., 1981）。彼らは117項目からなる尺度を開発し，大きな出来事よりも，日常の些細な苛立ち事のほうが精神健康とより強く関連していることを証明している。

　この考え方を踏襲して，中野（2005）は，日本の成人を対象とした82項目からなるハッスル尺度や49項目からなる日本人大学生用のハッスル尺度を作成し，心身の健康との関連性を検討している。その結果，どちらの尺度も心身の健康を予測できる優れた指標となることがわかった。成人用尺度の項目には，「近所とのもめごとがある」，「お酒を飲みすぎる」，「突然の来客で困る」，「仕事が面白くない」といったもの，また大学生用の尺度項目としては「先生との間にもめごとがあった」，「人に利用された」，「友人とうまくやって行けない」，「タバコの煙で迷惑をした」，「通学が大変である」といった出来事（項目）が並んでいる。

(3) トラウマチックな体験

　平和な日常を営んでいる人には想像できないような過酷な体験がストレッサーとなりうることは古くから知られている。戦争時の戦闘や被爆体験，大地震や津波，強制収容所での生活などが人々の

感情や行動にどのような影響を与えるかに関するモノグラフィックな研究報告も少なくない。

近年，想像を絶する強烈な体験が原因として発症する**心的外傷後ストレス障害**（Post-Traumatic Stress Disorder: PTSD）と呼ばれる精神障害が注目されている。この障害は，危うく死にそうになる，性的暴力を受ける，深刻なケガをするなどの精神的な衝撃を受ける体験，すなわちトラウマ体験に晒されたことで生じるストレス症候群のことで，以下に示すような症状が1カ月以上持続し，日常生活に支障をきたす場合に心的外傷後ストレス障害と診断される。

【PTSDの症状】

恐怖体験に関係する不快で苦しい記憶が突然よみがえり，睡眠時には悪夢として何度も繰り返される。また，遭遇した出来事を連想させるような人，物，状況などを避けるようになる。ものごとを否定的にとらえ，何事に対しても興味や関心が持てなくなってしまう。孤立感が強まり，幸福感や希望が持てなくなってしまう。

その他の感情としては，イライラ感，過度な警戒心，些細なことに対して敏感になるなどが挙げられる。

先に述べたライフイベントや日常の苛立ち事は，誰もが体験する可能性が高いストレッサーであるのに対して，トラウマチックな体験をする人は稀である。しかし，そのインパクトは想像を絶するものであり，体験者の多くが何らかの深刻な症状を呈し，治療も困難である。

2 人間のストレス反応

生物的，物理的，化学的，心理社会的ストレッサーを受けた人間は，実に多彩な反応を示す。便宜上，身体（からだ）と心理（こころ）に分けて以下に紹介するが，それらの反応が同時に生じることも珍

しくはない。ストレス・マネジメントでは，様々なストレス反応を知り，自分の心身の状態が正常に機能しているかどうか把握することが肝要である。

1　身体的反応

　近年，心療内科に通う患者が増えている。心療内科とは，一言でいえば「**ストレス関連疾患**」を治療する内科である。心療内科で扱う疾患には多種多様なものがあり，循環器系（狭心症，不整脈，高血圧など），呼吸器系（喘息，過呼吸，咳など），消化器系（胃潰瘍，十二指腸潰瘍，過敏性大腸炎など）はもちろんのこと，泌尿器系，皮膚系，眼科系，耳鼻咽喉科系，産婦人科系など，ほぼすべての領域を網羅する。

　ごく一部の遺伝性疾患以外のすべての疾患は大なり小なりストレスと関係しているといわれているが，それらをすべて挙げていくことは不可能であり有益でもない。そこで，中野（2005）を参考に，循環器系と免疫系とに大別して例示する。

　まず，循環器系（心臓，血管，血圧）の異常を紹介する。大きなストレッサーに晒されると，心拍数が加速化することはだれしも体験したことがあるだろう。重要な試験の開始直前，大勢の人の前で話すとき，試合開始直前に対戦相手が強く見えたとき，好きな人に告白するときなど。慢性的，すなわち，長期間にわたってストレッサーを感じ続ければ，血圧や血液中のコレステロール値が増加し，血管の内壁を傷つけ，動脈硬化を引き起こすことになる。その結果，血管が狭められ，硬くなり，血流に支障をきたし，ついには心臓発作や脳卒中を発症する。消化器系では，過剰なストレッサーが平滑筋の緊張による蠕動運動の減少，胃酸過多，唾液の過小分泌などの消化作用の混乱を生じさせ，下痢，便秘，胃や十二指腸潰瘍などの消化器系の異常を引き起こす。

　もうひとつ，免疫機能の異常についても触れておきたい。免疫とは，病気に対する身体の防衛機能のことであり，細菌やウイルス，アレルゲンなどの有害物質の体内への侵入を防ぐ役割を担ってい

5　ストレス・マネジメントの理論と実践

る。ストレッサーはこの働きを低下させたり，過剰に働かせたりする。免疫機能不全は，ひとつの臓器ではなく内分泌系と自律神経系を介して，身体全体の不調につながることになる。疲れやすい，全身がだるい，よく眠れない，めまいがする，風邪をひきやすいといった症状（不定愁訴という）として現れることが多い。

2 心理的反応

　心理的なストレス反応の代表といえば「不安」である。不安を感じたことのない人はいないだろう。むしろ，毎日のように大なり小なり，不安を感じている人のほうが多いかもしれない。それくらい万人にとって馴染みのある概念であり，**キェルケゴール**（Søren Aabye Kierkegaard）や**ハイデッガー**（Martin Heidegger）などの哲学者や**フロイト**（Sigmund Freud）を代表とする精神分析家などによって，詳細な分析が試みられている。不安とよく似た感情に「恐怖」があるが，ここでは単純に「ある特定の対象に対して向けられたものが恐怖であり，対象が漠然としたものが不安」と捉えることにする。ただし，その境界は明確ではない。

　人が不安になったときの反応としては，「心配だ」，「緊張している」，「気がかり」，「落ち着かない」，「焦り」などがある。これらの心理的反応だけではなく，不安には身体的な反応も付随して起こり，例えば「動悸」，「発汗」，「震え」，「腹痛」，「口の渇き」，「失神」などが知られている。フロイト（Freud, 1926）は，何らかの危険が迫ってくることを自覚した際に発せられる危険信号だと述べている。つまり，不安とは身を守るための信号なのである。

　このフロイトのたとえは，セリエが一般適応症候群（GAS）の「警告反応期」の説明で述べた「体内で鳴らされる非常ベル」と重なるところが興味深い。不安とは危険の前触れということである。

　不安と同じくらいの頻度で見られるストレス反応として，「うつ状態」がある。不安と同じく，うつ状態にも精神面の反応と身体面の反応がある。一般には，うつ状態と聞けば，「憂うつな感じ」や「やる気のなさ」を思い浮かべるだろう。しかし，それ以外にも「不安」，

「焦り」,「些細なことでも決断できない」,「自責の念」,「自殺願望」などが代表的な心理的な症状である。

うつ状態に伴う身体症状として,「不眠」,「疲労感」,「頭重感(頭痛や肩こり)」などがかなり高い頻度で見られる。人によっては,精神面の症状は隠れていて,身体面の症状だけが前面に出てくる場合もあり,仮面うつ病と呼ばれ,正確な診断と治療に結びつかないときもある。ストレス関連疾患全体にいえることであるが,「ただの気のせいでしょう」とか「疲れがたまっているようですね。すこしのんびりしてください」と言うだけで,その人の背後にあるストレッサーが何であるのかを探らなければ,最悪の場合,その人を自殺に追い込むこともある。

うつ状態と類似した反応に「**燃え尽き(バーンアウト)症候群**」がある。これは,主に対人援助職(医師,看護師,教師,保育士,介護士など)に特有のストレス反応であり,1980年代より日本でも注目されるようになった(宗像・稲岡・高橋・川野, 1988)。この問題の先駆的研究者の一人,**クリスティーナ・マスラック**(Christina Maslach)によれば「長期にわたり人に援助する過程で,心的エネルギーがたえず過度に要求された結果,極度の心身の疲労と感情の枯渇を主とする症状群であり,卑下,仕事嫌悪,思いやりの喪失等を伴うもの」と定義される(稲岡, 1988)。その名称が示すように,まさに心身ともに燃え尽きた状態であり,その特徴をまとめると,①情緒的消耗(心身ともに疲れ果てて何もしたくない),②脱人格化(患者や生徒などに対する配慮や思いやりの欠如),③達成感や労働意欲低下の3つとなる。

もうひとつ,愛する対象(家族やペットなど)を亡くすという出来事を体験した人に特有の反応として「**悲嘆反応**」と呼ばれるものがある。先に述べたHolmes & Rahe(1967)の社会的再適応評定尺度(SRRS)では,「配偶者の死」が最もストレスフルな出来事となっている。配偶者やわが子に先立たれるという体験は強烈なストレッサーとなることは想像に難くないであろう。そのような体験をした人は以下のような反応を示す(広瀬, 2011; Wordon, 2008)。

心理面としては，ショック，悲しみ，不安，孤独感，罪責感，怒りが表出され，身体面では，胸が絞めつけられる，喉がつかえる，息苦しいという訴えが聞かれる。頭が混乱するとか亡くなったことが長期間信じられないという認知的な反応が見られることがある。

さらに厳しいといわれているのが「**曖昧な喪失**」に伴う悲嘆反応である（Boss, 2006）。津波に流されたり，土砂崩れの犠牲になった大災害の被害者家族は，「本当に亡くなったのか」，「まだどこかで生きているのではないか」という曖昧な状態が長期間続くことになる。「死に目に会いたい」とか「お別れの言葉をかけてあげたい」という希望が叶えられない状況が長期間続くのである。

3　行動の変化

ストレッサーによって，体や心の反応だけではなく，明らかに異常な行動が引き起こされることも多い。不適切な相手に対する暴力や性的な行動，過度な飲酒，大量の衝動買い，リストカット，繰り返される万引きなどが代表的な例である。職場でしばしば問題となる遅刻，無断欠勤，単純なミスの繰り返し，些細なことが原因の対人関係上のトラブル，パワーハラスメントやセクシャルハラスメントも含んでよいだろう。

行動として観察されるこのようなストレス反応は，しばしば異常行動，怠け，嫌がらせなどと受け取られがちであるが，身体的反応や心理的反応と同じように，背景に何かストレスフルなことがないかを検討することが肝要である。

4　まとめ

以上，人間の場合におけるストレッサーとストレス反応について解説した。人間の場合は，外部からの生物的，物理的，化学的な刺激ももちろん大きなストレッサーとなるが，それ以外にも，日常生活を送る中で大小様々な出来事に遭遇し，それらのインパクトによって，多種多様なストレス反応が見られるのである。

しかし，客観的事実として同じようなストレッサー，例えば「配

偶者の死」を体験したとしても，その体験者のストレス反応にはかなり大きな個人差があることがわかっている。夫の死を何年もの間嘆き悲しみ，誰とも会わず自宅に引きこもっているという妻もいれば，これで過酷な在宅介護から解放され，最期は安らかな時間を過ごせたことに安堵する妻もいる。この違いは何であろうか。

　図5-2に示したように，人間の場合は，ストレッサーとストレス反応の間に，いくつかの要因が介在し，それらの要因の働きで反応が異なってくるからなのである。

　次の節では，それら介在要因について理解を深めたい。その理解がストレス・マネジメントの第三の要素，すなわち，ストレス対処法の習得につながっていく。

3 ストレス対処（コーピング）

　ストレス対処（コーピング）とは，様々なストレッサーに遭遇したときに，その影響で望ましくないストレス反応が生じることを防ぐ方法のことである。図5-2をもとに説明すると，まず最初に考えるべきことはストレッサーに遭遇しない，晒されない，その危険を避けることである。気温と湿度が急激に上昇してきたときには部屋を涼しくし，水分補給を怠らないようにすることで熱中症にならないようにできる。こまめな手洗いを習慣化することによって風邪やインフルエンザを予防することができる。しかし，長い人生を歩む中で，どうしても避けられないストレッサーも存在する。「家族や

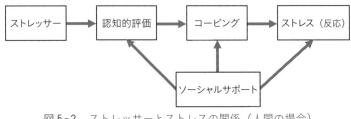

図5-2　ストレッサーとストレスの関係（人間の場合）
（Lazarus & Folkman, 1984をもとに作成）

ペットの死」も避けようのないストレッサーといえるだろう。まして日常的な苛立ち事は文字どおり，毎日のように遭遇するストレッサーである。

　では，どうやって心身の健康を維持することができるのか。図5-2に示した「**認知的評価**」を変える努力や正しい「**コーピング**」の会得，そして「**ソーシャルサポート**」の活用によってストレッサーの影響を失くしたり最小限にとどめたりすることが可能となる。

1　認知的評価

　同じようなストレッサーに遭遇しても，人によって反応が異なるのはなぜか。その答えのひとつは「ストレッサーに対する認知的評価が異なるから」である。

　よくあるたとえとして，おいしそうなジュースがコップに半分くらい入っているのを見たとき，ある人は「まだ半分もある」と思い喜ぶが，別の人は「もう半分しかない」と悲しむ。

　それぞれの生活体験や受けた教育によって培ってきたその人なりの「考え方」や「信念」，あるいは「価値観」がストレス反応を大きく左右する。そのことに気づき，論理情動療法という心理療法を確立したアメリカの心理学者**アルバート・エリス**（Albert Ellis）は，「人は外部で起きた出来事によって苦しむのではなく，人を苦しめるのはその出来事に対するその人の認識や態度なのである」だと言う（Ellis & Harper, 1975）。不安や抑うつ，怒りや罪責感などの不快な情動的反応を起こすのは，衝撃的な出来事自体ではなく，その出来事に対する判断なのだというのである。この判断は，その人の考え方や価値観を基準としてなされるものであり，エリスの論理情動療法では，不快な感情に悩むクライエントに対して「そもそもその判断やその背後に存在する価値基準は合理的なもの（rational）でしょうか？」と問いかけ，修正することが治療方法となっている。彼はこの合理的とはいえない価値基準**非合理的信念（イラショナル・ビリーフ）**と呼んでいるが，その例を以下に紹介する。

1. 「人は，誰からも常に愛されなければならない」
2. 「いったん始めたことは最後までやり通さなければならない」
3. 「人を傷つけるのは絶対によくない」
4. 「何ごとにも全力で頑張る人は偉い」

　この4つは，たくさんある非合理的信念のうちの一部である。これらを読んで読者はどう思ったのだろうか。実は，このどれもが日本人なら当然と思える考え方や価値観なのである。ところが，この当たり前のようにも思える価値観がストレス反応を増幅させる非合理的なものである。ポイントは，どれも完璧（100%）を要求しているところである。「常に」，「最後まで」，「絶対に」，「全力で」という表現から容易に理解できるであろう。何ごとに対しても，常に，完璧（100%）を目指すことが人としての最高の価値であると刷り込まれた人は，コップの中のジュースがほんの少し減っていただけでも不安になったり，落ち込んだりしてしまうのではないだろうか。ストレス反応を増幅させる非合理的な考え方を，ほんの少し緩めるだけで人生が楽しくなってくる。それどころか，その楽しみが原動力となって何事にも積極的に取り組めるようになる。行動レベルでの変化も期待できるのである。
　エリスの論理情動療法では，クライエントの非合理的信念を特定し，それを変化させるように働きかけるのである。例えば，以下の例のような変化を促すのである。

1. 「人は，誰からも常に愛されなければならない」けど，**信頼できる人がいれば何人かから嫌われてもかまわない**。
2. 「いったん始めたことは最後までやり通さなければならない」けど，**臨機応変にやり方を変えるとか止めてしまうということもときには必要だ**。
3. 「人を傷つけるのは絶対によくない」けど，**ダメなものは**

> ダメだと伝えることも大切だ。
> 4.「何ごとにも全力で頑張る人は偉い」けど，**そんなことが**
>   **できる人はよほど恵まれた人であって，適度な息抜きやサ**
>   **ボリもときには必要である。**

　要するに，「常に絶対，〜ねばならない」から「〜であることが
望ましいけど，そうはならないこともある」に変えることが，か
えって逆境に強い人間になるのである。筆者は，この作業を「頭の
柔軟体操」と呼んでいる。

　近年，うつ病や不安障害などの精神障害の治療に**認知行動療法**
（**CBT**: Cognitive Behavioral Therapy）が有効であるという知見が
蓄積されている。エリスの論理情動療法もCBTの一種だと位置づ
けられる。この治療法の理論や技法を基にしたストレス・マネジメ
ントに関する文献も多い（例えば，五十嵐, 2001; 伊藤, 2016; 嶋田・鈴木,
2004 など）。

2 コーピング

　ストレッサーに晒された人は，そのストレッサーが自分にとって
どの程度有害で負担なのかを評価する（認知的評価）。そして，その
評価結果に基づいて様々な対処法を取ることになる。「**コーピング**」
というのは対処法，あるいは一般的にはストレス解消法と呼ばれる
ものである。

　セリエ以降，様々なストレス理論やストレスモデルが提唱されて
きたが，どれも基本的には，図5-1に示したような ストレッサー
（有害刺激） ⇒ ストレス反応（症状） という単純なものであった。
1984年，ラザルスらは人間の場合を想定して，より精緻化したモ
デルを提唱する。図5-2はそれを簡略化したものである。

　彼らは，心理的ストレスを「人間と環境との間の特定な関係であ
り，その関係とは，その人が持っている資源（resources）に負担
をかけたり，その資源を超えたり，幸福を脅かしたりすると評価さ
れるものである」と定義し，人間におけるストレスとは，個人と環

境との相互作用によって引き起こされる状態であると見なしたのである（Lazarus & Folkman, 1984）。このモデルで重要なのは，ストレッサーに対する評価が入ることと，その評価を受けてコーピングが生じるということである。仮に評価の結果，無害であると判断されればそこで終わり，特段反応は生起しない。評価の結果，重大事であるという結論が出れば，コーピングが始まるのである。

　かつて，コーピングとは置かれた状況にかかわらず安定した特性ないしスタイルとして扱われたが，ラザルスらは，コーピングとは無意識レベルでなされる防衛機制や受動的な適応機制とは異なり，個人が意識的に行う努力であるとした。さらに，その努力の結果が成功するのか失敗に終わるのかは事前には予測できないと考えた。やってみないとわからない。そのときは失敗だったと思える努力が後に実を結ぶことも大いに有り得るのである。

　コーピングに用いる方略は多種多様であり，時間的制限や活用できる資源の量・質にも左右される。したがって，コーピング方略を分類するという試みはあまり意味がない。それに対して，努力の対象をどこに向けるかを検討した結果，ラザルスらは大別して2種類のタイプがあるとしている（Lazarus & Folkman, 1984）。

　ひとつは「**問題中心の対処**（problem focused coping）」と呼ばれ，問題の解決に向けて情報収集するとか計画を立てるというような具体的な行動で，その状況を自分の努力でコントロールができると評価されたときに生じる。もうひとつは「**情動中心の対処**（emotion focused coping）」と呼ばれ，逆に自分では変えることができないと判断されたときに生起し，深く考えないようにするとか問題の意味を考え直すという方略である。後者の方略については，一般にストレス解消法として，しばしば行われているものが多い。例えば，辛い現実から逃避するために温泉旅行に行くとか，マッサージやエステに通って心身の緊張を緩和する，ヨガや太極拳でリフレッシュするなどのコーピングを実行している人は少なくないのではないか。他にも，スポーツで汗をかく，カラオケで歌いまくる，コンサートで絶叫する，テレビドラマや映画を観てハラハラしたり号泣した

りする，などが挙げられる。もっとアクティブな方略として，楽器の演奏，ダンス教室，ダイビングなども，積極的な意味での現実からの逃避であり，精神的な緊張状態を緩和するのに効果的である。

ラザルスらの2つの戦略（問題中心の対処と情動中心の対処）に筆者はもうひとつ加えたい。それは「**他者利用**」あるいは「**援助要請**」という方略である。自分の内部にある資源（過去の経験，特殊なスキル，高度な情報，体力，経済力など）では対処できないときに試みる方略である。すなわち，自分の外部にある資源（信頼できる人や支援団体など）を利用して，問題の解決を図ったり情動の安定を得たりすることである。信頼できる人や団体から得られる支援はソーシャルサポートと呼ばれる。

3　ソーシャルサポート

太古の昔から，「人は一人では生きていけない」とか，だから「互いに助け合わなければならない」といわれてきた。それは真実なのか。何か科学的根拠があるのかが問われだしたのが1970年代のことであった。ことあるごとにわれわれは，信頼できる他者（家族，友人，職場の上司や同僚，恩師や専門家など）に相談を持ち掛ける。そして具体的な解決策を見出したり，情緒の安定を図ったりして生きている。**ソーシャルサポート**とは，そのような重要他者からの支援を意味し，ソーシャルサポートが得やすい状態にある人は困難な状態に陥っても健康を保持できることが様々な研究から明らかとなっている。日本でも，1980年代からストレス研究者を中心に関心がもたれ始め（久田，1987），'90年代には多くの研究が発表された。

図5-3は，サポートとなる人や組織をマップにしたものである。このような広がりを**ソーシャルサポート・ネットワーク**と呼ぶが，このネットワークが充実していることが心身の健康維持に重要となる。

サポートとなる人（サポート源）の機能としては諸説あるが，だいたい以下の4つが研究者によって共有されている。第一に情報提供機能である。ある情報を知っているだけで解決できる問題は意外

と多い。逆に知らないと損をしてしまうことになる。第二は情緒的機能である。ただ黙って話を聞いてくれるとか思いを共感してくれるだけで気持ちが軽くなるという経験をしたことがある人は少なくないであろう。第三は道具的機能である。重い荷物を運んでくれたり，病気で出席できない自分のために授業のノートを取ってくれたりするような，ある種の道具となって助けるという機能である。そして第四に評価機能が挙げられる。他者からの評価，特に褒められたり修正点を適切に指摘してくれたりすると仕事や課題に対するやる気が増してくる。

　以上のどの機能を期待するかはストレッサーの種類やサポート源との関係などによるが，現実的には，どれかひとつだけというより複数の機能が同時に発揮されることが多いように思われる。

　しかし，人は困っても簡単には他者に頼らないということもわ

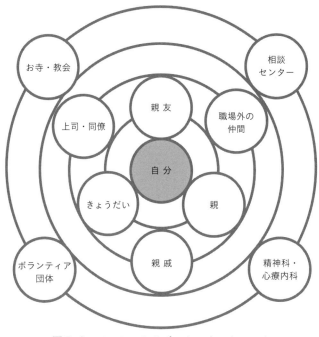

図5-3　ソーシャルサポート・ネットワーク

かっている。特に，心の問題では,「相談内容を知られたくない」,「悩みを持っているということは自分が弱い人間であるという証拠である」,「自分の問題は自分の力で解決すべきであり，他者に頼ることは恥である」というような理由から，外的資源を有効に活用できない人が多い。この問題は「**サービスギャップ**」と呼ばれ（Stefl & Prosperi, 1985)，心の問題の解決に対して妨げとなっている。

4 リラクセーションの実際

　ここでは，より専門的なストレス・マネジメントの実際を紹介したい。心理専門職として学校や企業，あるいは医療機関などで働く場合に持ち合わせておきたいスキルとして，代表的なものを3つ紹介する。どれもがリラックスすることを意図した技法であり，カウンセリングや心理療法と比較して習得するのが容易である。どれかひとつだけとは限らず，組み合わせて行われることが多い。

　なお，より詳しく学びたい人は五十嵐（2001）や中野（2005）を参照してほしい。また，子どもを対象とした様々な実例は，冨永・山中（1999）や竹中（1997）に紹介されている。医療従事者や患者を念頭においた実践例については，小坂橋・荒川（2013）に詳しい。

1　呼吸法

　心身の安定を図るうえで比較的容易な技法である。人は緊張場面で無意識に深呼吸をする。緊張すると呼吸が浅くなり，十分な酸素が体内に行き渡らなくなってしまう。集団でも個人的にも実践できる。教室や会議室で行う場合は椅子にすわった状態で，体育館のような広い場所が確保できれば，臥床し仰向けに寝た状態でも行える。

　静かな環境で目を閉じて，深呼吸を行う。その際，注意するポイントは以下のとおりである。

　①話しかけるスピードはかなり遅くする。

　②腹式呼吸を心掛ける。

③息を吸うことより吐くことを重視する。そのために,「フー」
　という感じでゆっくり吐き切る。

④ヒーリング音楽などを流すと効果的。

2 漸進的筋弛緩法 (Progressive Muscle Relaxation: PMR)

　ストレス状態にある人の多くに筋肉の緊張が見られる。その緊張
を徐々にほぐしていく技法である。とはいっても,簡単にはほぐす
ことができないものである。

　アメリカの**ジェイコブソン**（Edmund Jacobson）が開発した方法
であるが,現在はその簡易法が広く用いられている。

　この方法の最も基本的な原理は,人はいきなり筋肉を弛緩させら
れないが,いったん緊張させて,その緊張を解くということで弛緩
させられるということである。筋肉に力を入れて緊張させることは
誰でもできる。原理的には全身にあるすべての筋肉で実施が可能で
あるが,それでは時間がかかりすぎるので,一般的には,腕,脚,
肩などに集中して行う。

　ポイントは以下のとおりである。

①はずみを利用する。いったん,例えば腕に力を入れてもらい,
　その力を一気に抜けば自然と腕の筋肉は弛緩する。

②力を入れる緊張フェーズは約5秒。力を抜く弛緩フレーズは
　約20〜30秒とし,これを2〜3回繰り返すことによって,筋
　肉が緩んだ状態を感覚的に体験してもらう。

③集団でも個別でも実施可能であるが,実施者が手本を見せると
　効果的である。

3 自律訓練法 (Autogenic Training: AT)

　ドイツの精神科医,**シュルツ**（Johannes Schultz）が1930年代
に考案した技法で,日本ではよく知られている。彼自身,不安が高
く緊張しやすい性格だったといわれている。このままでは臨床医と
して働けないという危機感を持っていて,何とか克服しようとして
この方法の開発に着手したという。

彼はまず，人は緊張するとどのような反応が見られるのかという点から研究を始めた。その結果，呼吸が荒い，心臓が不規則に動いている，手足が冷たいことなどがわかった。そこで，彼は催眠療法を参考にして，まず対象者に暗示をかけることによってトランス状態（変性意識ともいい，被暗示性が高まる意識状態）にし，「両手が重い」，「両手が温かい」，「心臓が規則正しく動いている」，「楽に呼吸をしている」というような暗示をかけていく。自律神経系によって司られている体温や心拍は自分の意識ではコントロールできないが，この方法を用いるとそれがある程度可能となり，結果として深いリラックス状態が生起する。

自律訓練法は簡単には会得できないが，対象者をトランス状態にし，「両手が重い」という感覚と「両手が温かい」という感覚を体験させるだけで，かなりのリラクセーション効果が期待できる。

4　学校での実践例

小学校や中学校で行う場合，以上の３つのリラクセーション技法を組み合わせると効果的である。筆者らが東日本大震災後の福島県の中学校で行った際のタイムテーブルを表5-1に示す（中村・久田，2016）。中学校の場合，1クラスを対象として50分間で行う場合を想定している。

参加した生徒に対してどの程度の効果があったのかを確認するために，授業の前後で気分評定を行ってもらった。この方法は，岡・竹中・阪田（1994）を参考にして，「緊張」，「優うつ」，「怒り」などの気分を1点〜100点で自己評価してもらうものである。結果は，図5-4に示したように，「元気」を除くすべての気分が改善されていた（対応のあるt検定の結果，すべて1％水準で有意）。

5　おわりに

以上，①ストレスの理解，②自分のストレス状態の把握，③ストレス対処法の習得について述べてきた。冒頭に述べたように，スト

表 5-1　中学校での実践例（中村・久田，2016）

導入（5分）
・実施者の自己紹介　・これから行うことの説明　・怖いことやクラスメートに笑われることは絶対しないと約束する　・体を動かすゲームなどで楽しい雰囲気を作る

呼吸法（10分）
・お腹に意識を向けて深呼吸する　・ゆっくり息を吐いていく　・吐く息を意識する

漸進的筋弛緩法（15分）
・握りこぶしを作り，力を入れ，一気に力を抜く（3回）　・両腕（3回）・両肩（3回）

自律訓練法（15分）
・利き腕の重い感じ　・反対の腕の重感　・利き腕の温かい感じ　・反対の腕の温感　・消去動作（握りこぶしを作って開く［5回］，腕の屈伸［5回］，大きく背伸びする）

まとめ（5分）
・感想を共有する　・少しでもリラックスできたら褒める　・習慣化するように勧める

注①　初めて行う場合は呼吸法と漸進的筋弛緩法だけで十分である。
注②　実施場所は静かなところが理想的ではあるが，車や工事の音が聞こえても淡々と続ける。また，カーテン等を閉めて日光が直接入らないようにする。
注③　ゆっくり滑らかに語り掛けるようにする。初心者は台詞を書いた紙を用意しておく。

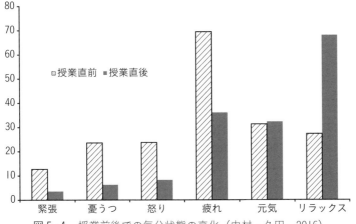

図 5-4　授業前後での気分状態の変化（中村・久田，2016）

5
ストレス・マネジメントの理論と実践

レス・マネジメントには，さらに④習慣化という要素が含まれている。本章では，習慣化については触れられなかったが，その理由のひとつは非常に困難だからである。学校や職場に導入し，習慣化を目指すためには，まず学校の校長や会社の社長にストレス・マネジメントの重要性を理解してもらうことから始める必要があろう。

　とはいえ，公認心理師や臨床心理士等，心理専門職は「心の健康教育」の一環として，単独で，あるいは養護教諭や企業の保健師と協働で，ストレス・マネジメントの実施を依頼されることが今後増えていくであろう。これまで述べてきたことから明らかなように，ストレス・マネジメントは，カウンセリングや心理療法とは異なり，児童生徒や労働者，医療従事者，子育て中の両親，老親の介護者などのストレスフルな状態にある集団に対して実施可能な予防的介入であると位置づけられる。この①集団を対象とすること，②予防を意図していること，さらには③災害の被災地での危機介入法としても応用できるという特徴を持つことから，コミュニティ心理学的なアプローチであるといえる。ストレス・マネジメントの予防的意義については，竹中（1997）も強調している。

　精神障害を発症した場合，本人から援助を求めてくることは多くない。また，カウンセリングや心理療法を受け始められたとしても立ち直るまでに長期にわたる努力がカウンセラーとクライエントの双方に要求される。それに比べて，比較的容易に実施できるストレス・マネジメントは，その発展と定着が大いに期待される。

■引用文献

Boss, P. 2006 *Loss, trauma, and resilience: Therapeutic work with ambiguous loss*. W. W. Norton & Company. [中島聡美・石井千賀子（監訳）2015 あいまいな喪失とトラウマからの回復──家族とコミュニティのレジリエンス 誠信書房.]

Dohrenwend, B. S. & Dohrenwend, B. P. 1974 *Stressful life events: Their nature and effects*. John Wiley & Sons.

Ellis, A. & Harper, R. A. 1975 *A new guide to rational living*. Wilshire Book Company. [國分康孝・伊藤順康（訳）1981 論理療法──自己説得のサイコセラピイ 川島書店.]

Freud, S. 1926 制止，症状，不安 [井村恒郎・小此木啓吾他（訳）1970 フロイト著作集第6巻 自我論・不安本能論 人文書院.]

広瀬寛子 2011 悲嘆とグリーフケア 医学書院.

久田 満 1987 ソーシャル・サポート研究の動向と今後の課題. 看護研究, **20**, 2-11.

久田 満・丹羽郁夫 1987 大学生の生活ストレッサー測定に関する研究──大学生用生活

体験尺度の作成. 慶應義塾大学大学院社会学研究科紀要, **27**, 45-55.

Holmes, T. H. & Rahe, R. H. 1967 The social readjustment rating scale. *Journal of Psychosomatic Research*, **11**, 213-218.

五十嵐透子 2001 リラクセーション法の理論と実際——ヘルスケア・ワーカーのための行動療法入門 医歯薬出版.

稲岡文昭 1988 米国におけるBurnoutに関する概要, 研究の動向, 今後の課題. 看護研究, **21**, 140-146.

伊藤絵美 2016 イラスト版子どものストレスマネジメント——自分で自分を上手に助ける45の練習 合同出版.

Kanner, A. D., Coyne, J. C., Schaefer, C., & Lazarus, R. S. 1981 Comparison of two modes of stress measurement: Daily hassles and uplifts versus major life events. *Journal of Behavioral Medicine*, **4**, 1-39.

小板橋喜久子・荒川唱子(編) 2013 リラクセーション入門——セルフケアから臨床実践へとつなげるホリスティックナーシング 日本看護協会出版会.

小杉正太郎 2006 ストレスと健康. 小杉正太郎(編)ストレスと健康の心理学 朝倉書店.

Lazarus, R. S. & Folkman, S. 1984 *Stress, appraisal, and coping*. Springer. [本明 寛・春木 豊・織田正美(監訳)1991 ストレスの心理学 実務教育出版.]

宗像恒次・稲岡文昭・高橋 徹・川野雅資(編著)1988 燃えつき症候群——医師・看護師・教師のメンタルヘルス 金剛出版.

中村菜々子・久田 満 2016 特集:東日本大震災における子どもの支援 福島県沿岸部の公立中学校での実践活動——養護教諭との協働を中心に. コミュニティ心理学研究, **19**, 130-134.

中野敬子 2005 ストレス・マネジメント入門——自己診断と対処法を学ぶ 金剛出版.

新村 出(編)2018 広辞苑 第七版 岩波書店.

岡浩一郎・竹中晃二・阪田尚彦 1994 POMS応用版(Iceberg Profile)の検討. 岡山体育学研究, **1**, 21-30.

Selye, H. 1936 A syndrome produced by diverse nocuous agents. *Nature*, **138**, 32.

Selye, H. 1976 *The stress of life*. McGraw-Hill. [杉 靖三郎・多田井吉之介・藤井尚治・武宮 隆(訳)1988 現代生活とストレス(原書改訂版)法政大学出版局.]

嶋田洋徳・鈴木伸一(編著)2004 学校, 職場, 地域におけるストレスマネジメント実践マニュアル 北大路書房.

島津明人 2006 コーピングと健康. 小杉正太郎(編)ストレスと健康の心理学 朝倉書店.

Stefl, M. E. & Prosperi, D. C. 1985 Barriers to mental health service utilization. *Community Mental Health Journal*, **21**, 167-178.

杉 晴夫 2008 ストレスとはなんだろう 講談社ブルーバックスB-1604.

竹中晃二(編著)1997 子どものためのストレス・マネジメント教育——対処療法から予防措置への転換 北大路書房.

冨永良喜・山中 寛 1999 動作とイメージによるストレスマネジメント教育(展開編)——心の健康とスクールカウンセリングの充実のために 北大路書房.

植村勝彦 1985 生活ストレッサーの測定. 石原邦雄・山本和郎・坂本弘(編)生活スレスとは何か 垣内出版.

Worden, J. W. 2008 *Grief counseling and grief therapy: A handbook for the mental health practitioner. 4th Ed*. Springer. [山本 力(監訳)2011 悲嘆カウンセリング——臨床実践ハンドブック 誠信書房.]

5 ストレス・マネジメントの理論と実践

6 メンタル ヘルス・ リテラシー

中村菜々子

　読者がある場所で，メンタルヘルス対策を実施したとする。その計画に参加する何らかの集団は，メンタルヘルスに関する知識をどの程度持っている人たちなのだろうか。自分たちが提供した心の健康教育によって，どのような知識やスキルが獲得されたのだろうか。そもそも，メンタルヘルスを保持増進するために必要な知識やスキルとは何か。こうした問いに応える概念のひとつが，メンタルヘルス・リテラシー（mental health literacy）である。

　メンタルヘルス・リテラシーとは，ジョーム（Anthony F. Jorm）と彼の共同研究者が1990年代に提唱した概念で，公衆衛生のヘルスプロモーション実践の領域から始まった。

　本章では，まず初めにメンタルヘルス・リテラシーが誕生した背景にある**ヘルスプロモーション**と**ヘルス・リテラシー**の説明を行う。これらを理解した上でメンタルヘルス・リテラシーに関する今後の課題について考えていきたい。

1 ヘルスプロモーション

　ヘルスプロモーションとは，世界保健機関（World Health Organization: WHO）が1986年の**オタワ憲章**と2005年の**バンコク憲章**で提唱した健康戦略のことであり，「人々が自分の健康とその決定要因をコントロールし，改善することができるようにするプロセス」と定義されている。そしてその実現のために，以下のような5つのプロセスが掲げられた（島内，2015）。

①唱道（advocate）

②投資（invest）

③能力形成（build capacity）

④法的規制と法制定（regulate and legislate）

⑤パートナー（協働）と同盟形成（partner and build alliance）

　さらに，ヘルスプロモーション活動の進め方について，以下の5つの方法にまとめられた。

①健康的な公共政策づくり

②健康を支援する環境づくり

③健康を支援する地域活動の強化

④健康に関する個人技術の開発

⑤健康サービスの方向転換

　そして，この1986年のオタワ憲章を契機として，1990年代以降，世界各国でヘルスプロモーションを目指した政策が行われるようになった（WHO, 2013）。**健康教育**（health education）は，その一部であると位置づけられている。

　日本における包括的なヘルス・プロモーションの政策は「**健康日本21**」とその後続政策である「**健康日本21（第二次）**」として行われている（厚生労働省, 2012）。

　第二次の健康日本21では，心身の健康増進の推進に関して，4つの基本方針を挙げている。まず第一に，**健康寿命**（健康上の問題で日常生活が制限されることなく生活できる期間）の延伸を実現し，**健康格差**（地域や社会経済状況の違いによる集団間の健康状態の差）の縮小をめざすことである。第二に，生活習慣病の発症予防と重症化予防の徹底である。第三に，乳幼児期〜高齢期の各**ライフステージ**において，自立した社会生活を営むために必要な心身機能を維持および向上を目指すことである。メンタルヘルスの保持増進はこの中で，生活習慣病の予防とともに，ライフステージに応じた「**こころの健康づくり**」として挙げられている。そして第四が，行政機関だけでなく企

6
メンタルヘルス・リテラシー

業や民間団体などの参加協力や地域・世代間の支え合いを得て，健康を維持し守るための社会環境の整備を行うことである。

　日本および世界のヘルスプロモーションの概念と実際の政策を見ると，個人が知識やスキルを得ること，そしてそれを発揮できるような社会を作っていくことの両方が心身の健康の保持増進を実現するために必要とされていることがわかる。

2　ヘルス・リテラシー

　ヘルス・リテラシーとは，1970年代のアメリカにおいて，識字率と健康アウトカムとの関連が明らかになったことから，成人教育の中で取り上げられるようになった概念である。その当時，文字が読めないことで各種健康に関係する情報を入手・理解できないことが，結果として健康に悪影響を与えると考えられたのである。

　その後，先述した1986年のWHOによるオタワ憲章を契機として，1990年代にヘルスプロモーションの概念が発展するにつれ，ヘルス・リテラシーの概念にも，より積極的に自身の健康を守り増進させるためのスキルという概念が包含されるようになった（Okan et al., 2019）。その際に，WHOのヘルスプロモーション戦略では**セルフケア**の重要性が指摘されており，ヘルス・リテラシーはセルフケアを可能にする個々人のエンパワーメント戦略のひとつとして重要視された（Nutbeam, 2000）。

　現在では，個人の健康アウトカムを向上させ，市民の健康不平等を減らし，健康システムの操作と健康政策の発展を促進するものであると定義されている（WHO, 2013）。つまり，情報の読み書きや理解といった能力を測定する概念であったものが，各自のリテラシーを向上させるような社会の設定やそうした社会資源にアクセスする能力も含めて，包括的に評価するようになったのである。

　ヘルス・リテラシーはその後実践と研究が積み重ねられ，概念の定義，ヘルス・リテラシー向上を目的とした介入研究・実践，様々な測定方法の開発が行われている。しかし，その概念が包括的なも

のへと拡大しているため，十分に整理されていない部分があり，包括的な測定やその活用については検討の途上にあるといえる。一例として，ヘルス・リテラシーについて展望を行ったOkan et al. (2019) によれば，先行研究で確認されたヘルス・リテラシーの定義を表現した文章は26種類も挙げられているという。

このように，ヘルス・リテラシーは発展・拡張しつつある包括的な概念ではあるが，その共通した骨子は以下のとおりである。現在，ヘルス・リテラシーとは，個人が健康を保持増進するために情報へアクセスし，理解し，利用する動機づけと能力を規定する認知的，社会的なスキルと定義されている。ヘルス・リテラシーはまた，発達段階に応じた適切なものである必要があり，文脈に応じて適用され，複数の関係者を巻き込み，学校，職場，マスメディアなどの既存の制度や社会的な手段を通じて利用できるものであると理解されている（中山，2014; WHO, 2013）。

また，その測定方法をみると，初期のころは薬の瓶に書かれた説明を読んで理解できる，受診の予約を忘れない，あるいは健康関連の情報を理解することができるといった患者としての能力を測定することを中心的な目的としたものであった（American Medical Association Ad Hoc Commitee on Health Literacy, 1992）。その後，自分の健康を促進するための知識，技術，および自信を評価することによって測定されるようになり（大竹・池崎・山崎，2004），現在では上記のようなさらに広い概念を測定することも試みられている（Okan et al., 2019）。

3 メンタルヘルス・リテラシーとは

メンタルヘルス・リテラシーという概念は，オーストラリアの研究者ジョームによって提唱された。これには，1990年代以降，公衆衛生の実践において，健康に関するヘルス・リテラシーの概念が重要視されてきたことが背景にある。1993年にオーストラリア政府は，公衆衛生上の目標に関するレポート *"Goals and targets*

for Australia's health in the year 2000 and beyond ”を発行した（Nutbeam et al., 1993）。そこには，健康におけるセルフケア方法の選択と実行には，個人が有する健康に関する知識が不可欠であることが述べられている（Nutbeam, 2000）。このレポートでは，2000年およびそれ以降を視野に入れて国民の健康を考えるための目標と支援対象について記載されており，ヘルス・リテラシーは「より良い健康を促進・維持するための情報にアクセスし，理解し，使う方法」であると定義され（Nutbeam et al., 1993, p.151），各種の身体疾患に関するヘルス・リテラシーの目標と対象について述べられている。しかしながら，この中では精神障害は対象となっていなかった。

　そこで1997年にジョームらは，メンタルヘルス・リテラシーの概念を提唱した。当初の定義は「精神障害に関する知識と信念で，精神障害の認識・管理・予防を助けるものである」というものであった（Jorm et al., 1997）。

　メンタルヘルス・リテラシーの定義は，社会状況の変遷に伴い変化するヘルス・リテラシーの定義に合わせて変化している（Kutcher et al., 2016）。2012年の文献（Jorm, 2012）では，以下の要素から構成される概念だと提唱されている。

　①精神障害の予防法に関する知識
　②精神障害が深刻化しつつあるときにそれに気づくこと
　③援助希求先や治療手段に関する知識
　④比較的軽症の段階で，自分でできる効果的な対処方法に関する
　　知識
　⑤精神障害になりそうな人や精神的な危機状態にある人を支援
　　できるファースト・エイドのスキル

4 メンタルヘルス・リテラシーの測定

メンタルヘルス・リテラシーが提唱された背景を理解すると，この概念がもともと公衆衛生に根ざしたものであることが理解できるだろう。つまり，ある地域や国の概況を把握するための指標として開発されたのである。

ジョームらが開発した測定方法はシンプルなものであり，精神障害の症状を呈する主人公について短文で描写されたビネット（vignett）を読み，主人公がこうした状況を呈している原因は何だと思うか1つ選んでもらう。この際，その原因を正しく選択できた者が，メンタルヘルス・リテラシーの高い者であると考えるのである（表6-1）。そして，この短文に描写された状態に陥った原因を問う設問を中心として，短文の主人公がこの状況に対処しなかった場合の予後はどうなるか，この状況において各種援助資源・治療方法がどの程度有用であるか，自分であればどうするかといった評価を行ってもらう。短文の原因以外の項目については，研究の目的によって異なる項目が設定されることが多い。

日本では，メンタルヘルス・リテラシーはどのように研究され，実践で活用されているだろうか。日本においては，まず**公衆衛生**の領域で導入された。中根らによる地域レベルの調査が有名である（Nakane et al., 2005）。彼らはジョームと共同研究を行い，日豪間の国際比較も行っている。その後，様々な調査協力者について，うつ病，統合失調症，不安症などのメンタルヘルス・リテラシーの実態が測定されている。日本の先行研究には調査研究と介入研究があり，主に短文評定法によって，精神障害の認知，管理，予防に役立つ各種精神障害についての知識や信念に関する研究が行われている。

これまでの先行研究の例としては，地域の一般成人（Nakane et al., 2005），精神障害者当事者（欠ノ下ら，2017），労働者（中村・久田，2008），大学生（小池・伊藤，2012; 前田・荒井，2014; 富永ら，2019），中

表6-1　ビネット法の例（中村・久田，2008）

【ビネット】

太郎さんは30歳のサラリーマン。この数週間というもの，かつてないほど悲しくてみじめな感じがしていました。いつも疲れが残っているのに，熟睡できません。食欲もなく体重が減りました。仕事に集中できず，決定すべきことも先送りしています。日常の業務でさえ負担に感じています。彼の上司も気づいたようで，太郎さんの仕事の能率が落ちてきたことを心配しています。

【教示】

太郎さんは，次のどの状態だと思いますか。当てはまる番号に○をつけてください。

1.　大きなストレスを感じている　　2.　何か大きな悩みを抱えている
3.　仕事上の問題を抱えている　　　4.　疲労困憊状態
5.　ノイローゼである　　　　　　　6.　うつ病にかかっている
7.　精神分裂病[注]である　　　　　8.　その他

注）2002年に日本精神神経学会が「統合失調症」に名称を変更したが，調査当時，
　　一般市民への新名称の普及が十分ではなかったため旧名称とした。

学生（肥田・石川・高田，2015; 大久保ら，2011; 大久保ら，2013），学校教員（山口ら，2019），高齢者（坂本・田中・豊川，2002）などを対象に，代表的な精神障害（うつ病，統合失調症，不安症など。うつ病が最も多い）の症状を呈した主人公の短文を用いて，メンタルヘルス・リテラシーの量や質が検討されている。

　このシンプルな短文を用いた測定方法は，対象とする集団の状態を簡潔に把握するには有効な方法であるが，個人レベルのメンタルヘルス・リテラシー量を測定するためには不十分だと指摘されている（O'Connor et al., 2014）。結果はどの回答項目を選んだかという名義尺度であり，心理計量学的な信頼性・妥当性は必ずしも高くないためである。また，上述のようにメンタルヘルス・リテラシーの定義が拡大する中で，障害とその対応の知識の有無の測定を中心とした内容からの変化も求められるようになっており，うつ病に関しては多項目による測定尺度が開発されている（MCQ-DL; Gabriel & Violato, 2009; 日本語版はKashihara & Sakamoto, 2018）。

　O'Connor et al.（2014）は測定尺度のレビューを行った。その結果，測定尺度に関する心理測定学上のデータは限られており，ほ

とんどがジョームらが提案したすべての要素ではなく，そのうちいくつかの要素を測定しているにすぎないと結論づけた。同様のレビューはWei et al.（2015）も行っており，ポジティブな側面も含むメンタルヘルスに関する知識，精神障害と治療法に関する知識，精神障害と援助要請へのスティグマや態度も測定の対象とされていた。Kutcher et al.（2016）は，メンタルヘルス・リテラシーはもっと広い概念として測定するべきであると主張し，メンタルヘルス・リテラシー介入の評価研究においては，広範な定義を定めてすべての構成要素に同時に対処し，幅広い精神障害に関連するものであるべきであると指摘している。しかし現時点では，広範な定義に基づき，各要素について広範に測定可能な妥当性のある尺度は開発が始まったばかりである（O'Connor et al., 2015）。

　では，今後どのような方向でメンタルヘルス・リテラシーの測定を行っていく必要があるだろうか。ジョーム自身は，彼らが作成したメンタルヘルス・リテラシーの測定法に対する批判，すなわち，心理計量学的な検討がしづらい形式である点や個人の包括的なメンタルヘルス・リテラシーの状態を量的に把握しづらい点について，「目的による（depending on the purpose）」と述べている（Okan et al, 2019, p.61）。つまり，集団レベルでの評価を行い，その集団のもつ知識について把握したい場合はシンプルに知識を問う形式が役立つだろうし，個人や集団の変化を詳細に検討したい場合は，多項目で心理測定学的な検討が行われた尺度を用いることが有効だろう。

　多項目・包括的な測定尺度の開発は現在発展途上であるが（O'Connor et al., 2015），今後目的に応じたメンタルヘルス・リテラシーの測定尺度が開発されることが期待される。

5 今後の課題

　本稿では，メンタルヘルス・リテラシーの概念の形成とその発展，そしてその測定についてみてきた。概念や測定尺度については検討の余地があるが，メンタルヘルス・リテラシーを測定し実践に

093

活用する基盤は徐々に整備されているといえるだろう。

　今後，メンタルヘルス・リテラシーという概念や，その概念を用いた研究・実践において，われわれメンタルヘルスの専門家が考えておくべき点について，筆者の考えを4点挙げる。

　第一に，「心の健康教育によって知識は増えるのか」。そして，「知識を増やした結果，本人の精神的健康の保持増進に役立つ行動が増えるのか」という問いである。メンタルヘルス・リテラシーを含む教育を考える際，「知識を増やすことが，本人にとってよい結果を生むはずだ」という前提が共有されている。先行研究では主に，知識を増やすと精神障害に対するスティグマが和らぐ，知識を増やすと対処の自信を高める，そして知識を増やすと援助要請が促進されることが前提となっている。しかし残念ながら，リテラシーを高めることが援助要請につながるというエビデンスが示されているわけではない（児玉・志渡・池田, 2018）。また，知識啓発が精神障害へのスティグマを減らすわけでもない（樫原・河合・梅垣, 2014）という現実がある。

　第二に，リテラシー獲得のための心の健康教育の目的や方法を考えた場合，各構成要素別の「教育」としての効果や意味を追求するタイプの研究も必要であると思われる。例えば，知識提供を行った場合，その知識は本当に教育によって定着したのか（竹田ら, 2019），教育で用いる用語（例えば「こころの病気」と言うか，「心の病」と言うか，「脳の神経伝達物質の不調」と言うか）が与える影響（Zimmermann & Papa, 2019），さらには受講者間の個人差（例えば，ストレスへの態度の個人差; Nakamura-Taira et al., 2018）といった課題は，今後詳細に検討する必要があろう。実践活動を展開するにあたり，リテラシーの増加が何をもたらすのか，リテラシーの増加に寄与する教育的要素とは何かなどのテーマに関する基礎的な研究が今後ますます必要となると思われる。

　第三に「メンタルヘルスがよい状態とは何か」を教育提供者が常に自分に問いかける必要がある。メンタルヘルス・リテラシーの定義は拡張している。つまり当初は，精神障害の知識に限定され，ネ

ガティブな状態を減らすことが中心的な目的であったメンタルヘルス・リテラシーが，よりポジティブで積極的な精神状態を目指すものになりつつある。私たちは，ネガティブな状態をなくすことを目指すのか，それともポジティブな状態を作っていくことを目指すのだろうか。もし，メンタルヘルスが「良い」状態，「ポジティブな」状態を目指す場合，その目的の中には教育提供者の価値観が入りやすいことに注意する必要がある。世界的に著名な心理学者の**カーネマン**（Daniel Kahneman）は，新聞のインタビューで自身の幸福感研究の経験から，積極的に「ポジティブ」な状態を目指すことに懐疑的な意見を述べている。人間が幸福になるために社会がどの程度介入すべきかについては，さらに議論が必要である一方，人々の苦しみを減らすために社会が何かをするべきだという意見はすでに広く受け容れられているという（Mandel, 2018）。つまり，積極的な健康状態を目指すよりも前に精神的苦痛を減らすことが，社会レベルでは優先度が高いという点を示唆している。この点については，幸福感・人生満足度にメンタルヘルスの「悪さ」の程度が他の要因と比較して有意な影響を与えていたというLayard et al.（2013）の知見なども踏まえ，私たちがさらに考えていくべき課題である。

　第四に，協働の重要性である。ヘルス・リテラシーおよびメンタルヘルス・リテラシーの包括性と多様性から鑑みると，心の健康教育にも包括性や多様性が不可欠であるといえる。その場合，すべてを心理専門職が担うべきだろうか。答えは否である。何を目的とし，誰がどこで実施するのかを考えつつ，地域社会のなかで，関連する専門家が連携して実施していくことが重要である。例えば，東京電力福島第一原子力発電所の事故後の避難者に対する包括的な支援（大類・黒田・安村, 2019）など地域レベルでの長期的な取り組みが参考になる。

■引用文献

American Medical Association Ad Hoc Commitee on Health Literacy 1992 Report of the scientific council on health literacy. *JAMA*, **281**, 552-557.

Gabriel, A. & Violato, C. 2009 The development of a knowledge test of depression and its treatment for patients suffering from non-psychotic depression: A psychometric assessment. *BMC Psychiatry*, **9**, 56.

肥田乃梨子・石川信一・高田みぎわ 2015 メンタルヘルスリテラシーへの介入プログラムの実践——中学校におけるパイロット・スタディ. 心理臨床科学, **5**(1), 35-45.

Jorm, A. F., Korten, A. E., Jacomb, P. A., Christensen, H., Rodgers, B., & Pollitt, P. 1997 "Mental health literacy": A survey of the public's ability to recognize mental disorders and their beliefs about the effectiveness of treatment. *Medical Journal of Australia*, **166**, 182-186.

Jorm, A. F. 2012 Mental health literacy: Empowering the community to take action for better mental health. *American Psychologist*, **67**, 231-243.

欠ノ下郁子・澤田いずみ・吉野淳一 2017 思春期に発症した統合失調症患者の初回受診までのメンタルヘルスリテラシーとその影響要因. 札幌保健科学雑誌, **6**, 14-20.

橿原 潤・河合輝久・梅垣佑介 2014 うつ病罹患者に対するスティグマ的態度の現状と課題——潜在尺度の利用可能性への着目. 心理学評論, **57**(4), 455-471.

Kashihara, J. & Sakamoto, S. 2018 Development and validation of the Japanese-translated version of the Multiple-Choice Questionnaire of Depression Literacy (MCQ-DL). *Psychology*, **9**(11), 2482-2502.

児玉壮志・志渡晃一・池田 望 2018 うつ病のメンタルヘルスリテラシーの構成概念および援助要請との関係——うつ病のメンタルヘルスリテラシーに関する系統的文献レビュー. 社会医学研究, **35**(2), 1-12.

小池春妙・伊藤義美 2012 メンタルヘルス・リテラシーに関する情報提供が精神科受診意図に与える影響. カウンセリング研究, **45**(3), 155-164.

厚生労働省 2012 厚生労働省告示第四百三十号.

Kutcher S, Wei, Y., & Coniglio, C. 2016 Mental health literacy: Past, present, and future. *Canadian Journal of Psychiatry*, **61**(3), 154-158.

Layard,R., Chisholm, D., Patel,V., & Saxena, S. 2013 Mental illness and unhappiness. *IZA Discussion Paper*, 7620.

前田圭吾・荒井弘和 2014 大学生を対象としたうつ症状に関するメンタルヘルス・リテラシーの検討. 法政大学スポーツ研究センター紀要, **32**, 5-8.

Mandel, A. 2018 Why Nobel Prize winner Daniel Kahneman gave up on happiness. *Haaretz* (July, 10). https://www.haaretz.com/israel-news/.premium.MAGAZINE-why-nobel-prize-winner-daniel-kahneman-gave-up-on-happiness-1.6528513 (2021年2月24日閲覧)

中村菜々子・久田 満 2008 企業の従業員におけるメンタルヘルス・リテラシー——うつ症状に関する知識と対処行動の実行可能性を中心に. コミュニティ心理学研究, **12**, 23-34.

Nakamura-Taira, N., Izawa, S., & Yamada, K. C. 2018 Stress underestimation and mental health literacy of depression in Japanese workers: A cross-sectional study. *Psychiatry Research*, **262**, 221-228.

Nakane, Y., Jorm, A. F., Christensen, H., Yoshioka, K., Griffiths, K. M., & Wata, Y. 2005 Public beliefs about causes and risk factors for mental disorders: A comparison of Japan and Australia. *BMC Psychiatry*, **5**, 33.

中山和弘 2014 ヘルスリテラシーとヘルスプロモーション. 健康教育, 社会的決定要因. 日本健康教育学会誌, **22**(1), 76-87.

Nutbeam, D., Wise, M., Bauman, A., Harris, E. & Leeder, S. 1993 *Goals and targets for Australia's health in the year 2000 and beyond*. Australian Government Publishing Service.

Nutbeam, D. 2000 Health literacy as a public goal: A challenge for contemporary health education and communication strategies into the 21st century. *Health Promotion International*, **15**(3), 259-267.

O'Connor, M., Casey, L., & Clough, B. 2014 Measuring mental health literacy: A review of scale-based measures. *Journal of Mental Health*, **23**(4), 197-204.

O'Connor, M. & Casey, L. 2015 The Mental Health Literacy Scale (MHLS): A new scale-based measure of mental health literacy. *Psychiatry Research*, **229**, 511-516.

Okan, O., Bauer, U., Levin-Zamir, D., Pinheiro, P., & Sørensen, K. (Eds.) 2019 *International handbook of health literacy: Research, practice and policy across the lifespan*. Policy Press.

大久保千惠・市来百合子・堂上禎子・井村 健・谷口尚之・谷口義昭 2011 中学校における こころの健康とメンタルヘルスリテラシーに関する心理教育とその効果についての研究. 教育実践総合センター研究紀要, **20**, 79-84.

大久保千惠・市来百合子・井村 健・谷口尚之・竹村景生・植村啓介・奥原 牧・堂上禎 子 2013 中学生におけるメンタルヘルスリテラシーが精神的健康に与える影響につい て. 教育実践開発研究センター研究紀要, **22**, 122-130.

大類真嗣・黒田佑次郎・安村誠司 2019 福島第一原子力発電所事故による避難指示解除後 の自殺死亡率モニタリングと被災自治体と協働した自殺・メンタルヘルス対策の実践. 日 本公衆衛生雑誌, **66**(8), 407-416.

大竹聡子・池崎澄江・山崎喜比古 2004 健康教育におけるヘルスリテラシーの概念と応用. 日本健康教育学会誌, **12**(2), 70-78.

坂本真士・田中江里子・豊川恵子・大野 裕 2002 うつ状態や自殺念慮時の高齢者の援助希 求行動――場面想定法を用いた検討. 小椋 力(編) 精神障害の予防をめぐる最新の進 歩 232-233, 星和書店.

島内憲夫 2015 ヘルスプロモーションの近未来――健康創造の鍵は? 日本健康教育学会 誌, **23**(4), 307-317.

竹田悦子・栗島一博・本田純久・Doosub, J. 2019 メンタルヘルス教育における講義内容 の伝達状況と受講者の継続学習との関係に関する研究. 健康支援, **21**(2), 187-194.

富永真己・西村美八・古川照美・南 朗子 2019 医療系学科の大学生のメンタルヘルスリテ ラシー――事例を用いたメンタルヘルスの知識と対処行動に関する調査研究. 摂南大学 看護学研究, **7**(1), 3-11.

Wei, Y., McGrath, P. J., Hayden, J., & Kutcher, S. 2015 Mental health literacy measures evaluating knowledge, attitudes and help-seeking: A scoping review. *BMC Psychiatry*, **15**, 291.

World Health Organization (WHO) 2013 *Health literacy: The solid facts*. WHO Regional office for Europe.

山口智史・西田明日香・小川佐代子・小塩靖崇・東郷史治・佐々木司 2019 学校教員を対 象としたメンタルヘルスリテラシー教育プログラムの効果検証――パイロットスタ ディ. 学校保健研究, **61**(1), 7-13.

Zimmermann, M. & Papa, A. 2019 Causal explanations of depression and treatment credibility in adults with untreated depression: Examining attribution theory. *Psychology and Psychotherapy: Theory, Research and Practice*, **93**(3), 537-554.

7 健康行動理論

春田悠佳・樋口匡貴

　健康教育の目的は，教育の受け手（児童生徒，学生，従業員，一般住民など）の行動をより健康的な方向に変容するように促し，変容した行動を維持していけるよう支援することである。ただ単に知識を提供するだけでは，この行動変容は起きないだろう。どんな内容をどのように伝えるかを計画する際，参考にしてほしいのは「健康行動理論」である。

　健康行動理論（health behavior theory）とは，健康になるための行動が起こるメカニズムを説明する理論である。健康を目指す人や健康支援を担う心理専門職などは，健康行動理論を通じて人々の健康行動を十分に理解することができ，理論の適切な応用によってより一層効果的な健康増進が期待できるだろう。

　個人の健康行動は，感情や知識のほか，家族構成，住んでいる地域社会の特性，国家レベルの経済状況，グローバルな変動など，多種多様な要因（変数）からの影響を受ける。これらの様々な要因は3つのレベルに大別することができる。すなわち，①個人レベル，②個人間レベル，③コミュニティレベルである（戸ヶ里・福田・助友・神馬，2018）。本章ではこの分類に沿って健康行動理論を紹介する。

　なお，当然のことながら，人々の行動を変えるには，いずれかのレベルだけに基づく介入ではなく，複数のレベルを組み合わせた介入がより有効である。

1 個人レベルの理論

　個人レベルの理論とは，自身の内面に生じる要因，例えば知識，感情，価値観，態度，動機，スキルなどに着目する理論である（戸ヶ里ら，2018）。個人レベルの理論のうち本節では次の3つを紹介する。

1 健康信念モデル

　健康信念モデル（health belief model）では，個人が何らかの悪い状態は深刻だと認知し（**深刻さ認知**），自身がその状態に陥りやすいと認知し（**罹患可能性認知**），その状態に対する対処行動の恩恵が大きく（**恩恵認知**），障壁が小さい（簡単にできる）と認知する（**障壁認知**）と対処行動を行いやすいと考える（Rosenstock, 2005）。風邪の例で示すと，「今の状態はひどい風邪かもしれない」⇒「自分は風邪をひきやすい」⇒「効果的な対処行動は手洗い・うがいだ」⇒「それなら簡単に実行できる」と信じれば，健康的な行動（手洗い，うがい）がとれるということである。

　健康信念モデルは，禁煙，薬物乱用，がん検診の受診など多様な健康行動の説明や介入に使われてきた。例えば，乳がん検診の受診促進を目指した研究がある（Champion et al., 2002）。乳がんの罹患可能性，検診によるがん検出の恩恵と障壁のなさを強調した個人向けのメッセージを送付した介入群は，そうしなかった統制群よりも2カ月後の受診率が高くなった。

2 計画的行動理論

　健康信念モデルを発展させた**計画的行動理論**（theory of planned behavior; Ajzen, 1991）では，行動実施に対して好意的な**態度**を抱き，行動実施に対する周囲からの圧力をより強く認知し（**主観的規範**），さらに行動実施が可能であると認知すると（**行動統制感**），行動しようという**行動意図**が高まり，そして行動意図と行動統制感が高いほど行動を行いやすいと考える。

　計画的行動理論はシンプルなモデルであり，運動，食行動，安全な性交渉など多様な健康行動の説明や介入に使われてきた。例えば，コンドーム使用促進を目指した介入研究（Armitage & Talibudeen, 2010）では，コンドームによる性感染症予防の有効性（態度），家族からのコンドーム携帯の期待（主観的規範），コンドーム携帯の容易さ（行動統制感）を記載したメッセージを送付した介入群では，主観的規範と行動意図の値が介入前より介入後に向上すること

が明らかとなった。

3 トランスセオレティカルモデル

ここまでの理論は行動するかしないかの違いを説明するものであった。これに対し**トランスセオレティカルモデル**（transtheoretical model）では行動が変容する過程（**行動変容ステージ**：以下，ステージ）を考える（Prochaska & Velicer, 1997）。表7-1には5つのステージが提示されている。ステージの進行に伴い，おおむね行動の利益認知は増え，不利益認知は減ることが12の健康行動において示されている（Prochaska & Velicer, 1997）。

このモデルは，禁煙，運動，体重管理，日焼け止めの使用など多様な健康行動の説明や介入に使われてきた。例えば，乳がん検診の受診促進を目指した研究がある（Ishikawa et al., 2012）。介入群には，対象者が属するステージの特徴に応じた受診促進メッセージをステージごとに送り分け，統制群には対象者のステージによらず一律の受診促進メッセージを送ったところ，介入群は統制群に比べて5カ月後の乳がん検診受診率が向上した。各ステージの特徴に応じてステージごとに行うこのような介入は，ステージによらない介入に

表7-1　行動変容ステージ（Prochaska & Velicer, 1997を一部改変）

行動変容ステージ	説明
1 無関心期（precontemplation）	近い将来（通常は6カ月後）に行動しようとしていない段階
2 関心期（contemplation）	今後6カ月以内に行動を変えようとしている段階
3 準備期（preparation）	近い将来（通常は翌月）に行動しようとしている段階
4 実行期（action）	過去6カ月以内に自身の生活習慣を修正した段階
5 維持期（maintenance）	（前のステージへの）逆戻りをしないよう行動の維持に務めるが，実行期ほど頻繁に行動を変えない段階

比べて行動変容の効果が大きいことが示されている（Noar et al., 2007）。

4　個人レベルの理論の限界

　個人レベルの理論とは，健康行動に影響する要因として，知識や態度など個人の内面に生じる要因に焦点を当てる理論である。それだけでも行動変容は起き得るし，多くの実践に利用されている。しかし，次に述べるような限界も指摘されている（福田，2019）。

　第一に，これらの理論は一度限りの行動変容（健康診断に行くなど）を意図して開発されたものが多く，変容した行動を継続させるための有効性が立証されていない。第二に，人は必ずしも合理的な判断に基づいて行動しているわけではなく，ときに直観的に行動を選択し実行しているが，個人レベルの理論ではそのような側面は十分に考慮されていない。現実には，「（不健康だと）わかっちゃいるけど止められない」ことが多いのである。第三に，個人内の変数に焦点を当てるために，不健康な行動を取る人や，その結果として病気になった人を批判してしまう危険性をはらんでいることである。例えば「アルコール依存症になったのは，あなたの意志が弱くてお酒を止めなかったからだ」といって患者，つまりケアし支援すべき被害者を責めてしまうことである。あるいは，配偶者間の暴力（DV）の女性被害者に対して「そんな男と別れないのはあなたに責任がある」と非難して支援しようとしない。このような現象は「**被害者批判**」（victim blaming）と呼ばれているが，コミュニティ心理学においても解決すべき重大な課題のひとつとなっている。

　以上のような限界を克服するために，個人間の要因に注目する理論や生活環境を含めたコミュニティレベルの理論も学ぶ必要がある。

7 健康行動理論

2 個人間レベルの理論

　個人間レベルの理論は，個人の認知や感情，行動はその人が相互作用する他者によって形成されるという考えに基づいている（Heaney & Viswanath, 2015/2018）。個人間レベルの理論のうち，本節ではストレスとその悪影響を緩和する対人関係に関する理論を紹介する。

1　トランスアクション・モデル

　ストレスとそれに対する対処の仕組みは**トランスアクション・モデル**（transactional model; Lazarus & Folkman, 1984/1991）によって説明される。この理論では，ストレスとは人間と環境の相互作用の中で生まれる出来事として解釈されている。そして，その出来事に対する評価（脅威を感じるか）および対処（必要なスキルや資源が利用できるか）によってストレスとなるかが決まる。後者のストレス対処に関わるのが次に紹介する対人関係の量や質である。

2　対人関係に関する理論

　ここでは，ストレスに対処する資源としての対人関係として，「ソーシャルサポート」と「ソーシャルネットワーク」と呼ばれる概念を取り上げる。

　ソーシャルサポートとは，対人関係の中で，他者（家族，友人，専門家など）から得られる支援である。ソーシャルサポートと健康にはかなり大きな関連性があるとされている。例えばソーシャルサポートがあると死亡率が低くなり，精神的健康が良好であることが示されている（Cohen & Wills, 1985）。

　最近ではスマートフォンアプリを利用したソーシャルサポートの介入も行われている。Guillory et al.（2015）は，慢性疼痛の患者に対してショートメッセージサービス（SMS）を用いた介入を行った。介入群には，従来の疼痛治療に加えて支持的なメッセージ

図7-1　ある個人のソーシャルネットワークの例
（左は乏しいソーシャルネットワーク，右は豊かなソーシャルネットワーク）

（例：「あなたは強くて勇気がある人です」）を一日に2回送った。その結果，従来の疼痛治療を行った統制群よりも介入群において，介入後の痛みが軽減した。

　ソーシャルネットワークとは，ある個人を中心とした対人関係の広がりを意味する（図7-1）。ここでは，われわれの思考や行動は，われわれを囲むネットワークの構成要素や関係性によって影響されると考える。

　ソーシャルネットワークは様々なメカニズムで健康に影響する。例えば，乳がん検診の場合，乳がんが発見された女性のネットワークからの社会的影響を通じて，女性は乳がん検診の受診を動機づけられると考えられる。あるいは，ネットワーク上の他者との接触（例えば，受動喫煙）が，健康状態，喫煙や飲酒などの健康行動に影響する（Smith & Christakis, 2008）。

　ソーシャルネットワークの変容を試みた研究がある。Terzian et al. (2013) は，ソーシャルネットワークの小さい統合失調症患者に対して，日常の治療に加えコミュニティのメンバーと行う社会的な活動を提案した。その結果，そうしなかった統制群よりも，1年後および2年後もソーシャルネットワーク（例：他者との関係の数や親密さ）が改善した患者の割合が高くなった。

3　個人間レベルの理論の限界

　個人間レベルの理論とは，健康行動に影響する要因として他者との相互作用に着目する理論である。その特徴は，困難を抱えた当事

者に対して，当事者に関わる他者に介入することで当事者の心の健康増進を間接的に目指していることである。

　しかし，個人間といっても，一対一の関係に留まることは極めて稀である。ソーシャルネットワークも，例えばインターネット社会を想像してみればわかるように，無限に広がっていく可能性を含んでいる。つまり，戸ケ里（2019）も指摘しているように，個人間レベルの理論と次に紹介するコミュニティレベルの理論との境界が不明瞭になってくる。

　より効果的な介入計画を立案する際，先に述べた個人レベルの理論とともに，次に解説するコミュニティレベルの理論も取り入れる必要性を考慮してほしい。

3　コミュニティレベルの理論

　コミュニティレベルの理論とは，組織，コミュニティ，社会のシステムが健康行動に及ぼす影響を基にした理論である（Glanz & Ammerman, 2015/2018）。ここでは以下の3つのアプローチを紹介する。

1　コミュニティオーガニゼーション

　コミュニティオーガニゼーション（community organization）とは，「コミュニティがその共通する目的を達成するために，改善すべき問題の同定，資源の動員，実施戦略の開発などについて支援されかつ組織化されるプロセス」を指す（Wallerstein et al., 2015/2018, pp.260-261）。コミュニティオーガニゼーションの方法は3つあり，組み合わせて用いられる。それらは，①集団としての凝集性や誇りの形成（community capacity development），②データに基づいた問題解決（social planning and policy），③尊厳や社会正義を脅かす人々や組織への働きかけ（social advocacy）である（Rothman, 2007）。

　コミュニティオーガニゼーションは，身近な行動から，国家規模

の行動，さらには難民救済や気候変動など地球規模の変化を促すような行動も対象とすることができる（Wallerstein et al., 2015/2018）。コミュニティオーガニゼーションを使用した介入の実践例としては，ニューヨーク市における性暴力の予防を目指した研究がある（Glenn et al., 2018）。そこでは，地域住民を動員し，児童福祉団体と連携してコミュニティに対する教育などを行い，性暴力の根底にある社会規範へのアプローチを行った。他にも，移住したてのマイノリティの人々に肥満予防プログラムへの参加を促した研究がある（Metayer et al., 2018）。この介入では，地域保健センターなど複数の機関と関係を結び，その機関にチラシやポスターを設置することで，肥満が公衆衛生上の懸念であるという情報をコミュニティ全体へ普及させることができた。

2　イノベーション普及モデル

　これまでは健康行動を促す方法を考えてきた。しかし，人々の健康増進を実現させるには，介入法の開発に留まるのではなく，その方法を広めることが重要である。それには介入法がどのようにして世の中に普及していくかについての理解が必要となる。この点に関する理論のひとつが**イノベーション普及モデル**（diffusion of innovations）である（Rogers, 1983）。この理論では，イノベーション（革新的なアイデアや手法）が社会システムの構成員間に普及されていく過程を次のように説明する。

　まず**イノベーター**（革新者: 2.5%）がイノベーションを採用する。彼らの興味は他の集団成員に伝わり，続いて**アーリーアダプター**（早期採用者: 13.5%）がイノベーションを採用する。次に**アーリーマジョリティ**（早期多数採用者: 34%）がイノベーションを採用し，そして**レイトマジョリティ**（後期多数採用者: 34%），最後に**ラガード**（遅滞者: 16%）が採用する。

　イノベーションの普及に関わる要因として，イノベーションの特徴（例: シンプルさや受け入れやすさ），イノベーションを伝達するチャンネル（例: マスメディア），社会システム（例: オピニオンリーダーの存在）

などがあげられている（Rogers, 1983）。

Braun et al.（2005）は終末期の医療サービスの改善を目指した介入を行った。加齢や医療倫理が専門の地域住民をイノベーターとして選出してチームを組み，緩和ケアの改善を図る活動を行ってもらったところ，11人だったチームメンバーは3年後に350人に増え，ホスピス利用率の増加など複数の改善が見られた。

3 プリシード・プロシードモデル

イノベーション普及モデルのように介入の適用を考えるものとは異なり，適用前に課題の把握や対象者の特定などを含めた現状の理解を目指す方向性もある。ここに関わる理論のひとつが**プリシード・プロシードモデル**（PRECEDE-PROCEED model）である。以下，小笠原・津田（2003）を参考に説明する。

「プリシード」とは，環境の診断と評価に関わる部分であり，ニーズアセスメントの段階をいう。「プロシード」とは開発に関わる部分であり，介入計画の実施からその評価までの段階を含む。

介入の実施前のアセスメントの段階であるプリシードとしては，次の5つの段階がある。

第1段階「**社会アセスメント**」では，コミュニティのニーズを把握する。続いて第2段階「**疫学アセスメント**」では，介入の優先順位を定め，重要な健康問題を特定する。次に第3段階「**行動・環境アセスメント**」では，第2段階で選ばれた健康問題に関わる行動・環境要因を特定する。そして第4段階「**教育・組織アセスメント**」では，目指したい変化に対して，その開始と維持に関わる先行要因を特定する。最後に第5段階「**運営・政策アセスメント**」では，介入の施行に関わる政策や情勢を特定する。

介入の実施とその後の評価の段階であるプロシードとしては，次の4つの段階がある。8章で紹介するプログラム評価と共通する点が多い。

第6段階「**実施**」では介入を実施する。続いて第7段階「**プロセス評価**」では計画どおりに介入が実施されたかを評価する。そし

て第8段階「**インパクト評価**」では第3段階と第4段階の要因の変化の度合いを評価する。最後に第9段階「**アウトカム評価**」では，健康や生活の質（QOL）への介入の効果を評価する。

　佐久間・朝倉（2016）はプリシード・プロシードモデルに基づいて「いじめ防止プロジェクト」の開発とその評価を行った。開発では初めに，いじめのない学校を目指すこと（社会アセスメント），そのためにいじめの相談者や仲裁者を増やすなど（疫学アセスメント）の目標を定めた。次にいじめに関わる要因としていじめを誰も止めない環境などが特定され（行動・環境アセスメント），一方で，いじめを止める要因として周囲の者による気づきや助け合いが特定された（教育・組織アセスメント）。さらに教師と生徒がいじめはないと思っていることが問題点として挙げられたため（運営・政策アセスメント），いじめの存在を身近に感じさせるなどの環境整備をプロジェクトの目的とした。このプロジェクトでは，いじめを身近に感じてもらうための情報提供をはじめ，複数の活動を行った（実施）。実施後は，プロジェクトの各活動後の満足度や（プロセス評価），いじめの被害や加害の経験（アウトカム評価）を測定した。分析の結果，プロセス評価，アウトカム評価ともにおおむねプロジェクトが意図したとおりの結果が得られた。

4　コミュニティレベルの理論の限界

　コミュニティレベルの理論とは，健康行動に及ぼす要因として組織や社会の構造に着目する理論である。個人レベルの理論や個人間レベルの理論と比較して，より大きな規模の介入のための理論であり，対象もひとつのコミュニティ全体，さらには全国民となることもある。

　介入計画の規模が大きくなるということは，対象範囲が広くなり，扱うべき要因も増え，さらには実行に必要な費用が高額になることを意味する。当然のことながら，複数の専門家から成るチームで行う必要があり，話し合いの回数も時間も多くなってしまう。

　しかし，コミュニティレベルの理論に基づいた介入こそがコミュ

ニティ心理学の目指すものであり，コミュニティ全体をより健康な
方向に変革させることができれば，自ずと個人の行動も変化するで
あろう。

4 おわりに

　本章の冒頭に述べたように，端的に言って健康教育の目的は行動
変容とその継続である。そして，望ましい方向に行動変容を生じさ
せるためには，大別して，①個人の内面に働きかける，②個人と個
人の繋がりやネットワークを変化させる，③コミュニティ全体に介
入する，という３つの方法が存在する。①は一本の木を観ること
であり，②は複数の木々を捉えること，そして③は森全体を俯瞰的
に観察するという視点である。この３つの理論の間には言うまで
もなく優劣はない。

　本章で紹介した諸理論を含めて，現在80以上の理論ないしはモ
デルが提唱されているという（神馬，2019）。心の健康教育に携わる
者は，それら多くの理論からひとつ，または複数の理論を選択する
必要がある。その際，考慮すべき点は，以下のとおりである。

　まず対象は誰かである。長引く生理不順に悩んでいる女子高校生
なのか，いじめが多発している中学校なのか，自殺多発地域なのか
を定める必要がある。次に考慮しなければならないのは目標とする
行動である。受診，飲酒，過度なダイエット，児童虐待，過重労働，
パワーハラスメントなど，心の健康に直結する行動は枚挙に暇がな
い。

　誰が，あるいはどこの機関がリーダーとなり，そのチームはどん
な専門家や非専門家によって構成されているのかも理論を選択する
際に重要なポイントとなるだろう。使える予算の額も当然のことな
がら無視できない。その他，様々な観点から，適切な理論を選択し，
ときに複数の理論を組み合わせ，それに基づいて介入し，効果を評
価していくのである。プログラム評価については8章を参照して
ほしい。

山本（1986）は，コミュニティ心理学者の役割として5つ挙げている。①**変革の促進者**，②**コンサルタント**，③**評価者**，④**システムオーガナイザー**，そして⑤**参加的理論構成者**である。この参加的理論構成者（participant conceptualizer）とは，社会問題に対して実践家として取り組み，その経験をとおして概念を構成し，理論にまとめる役割である。つまり，既存の理論を参考にしつつも，それにとらわれることなく，自分たちが新たな理論を構築するのだという姿勢こそが心の健康教育に携わる心理専門職に求められているのである。

■引用文献

Ajzen, I. 1991 The theory of planned behavior. *Organizational Behavior and Human Decision Processes*, **50**(2), 179-211.

Armitage, C. J. & Talibudeen, L. 2010 Test of a brief theory of planned behavior-based intervention to promote adolescent safe sex intentions. *British Journal of Psychology*, **101**(1), 155-172.

Braun, K. L., Zir, A., Crocker, J., & Seely, M. R. 2005 Kokua Mau: A statewide effort to improve end-of-life care. *Journal of palliative medicine*, **8**(2), 313-323.

Champion, V. L., Skinner, C. S., Menon, U., Seshadri, R., Anzalone, D. C., & Rawl, S. M. 2002 Comparisons of tailored mammography interventions at two months postintervention. *Annals of Behavioral Medicine*, **24**(3), 211-218.

Cohen, S. & Wills, T. A. 1985 Stress, social support, and the buffering hypothesis. *Psychological Bulletin*, **98**(2), 310-357.

福田吉治 2019 個人レベルの理論・モデル. 一般財団法人日本健康教育学会（編）健康行動理論による研究と実践 医学書院.

Glanz, K. & Ammerman, A. 2015 Introduction to community and group models of health behavior change. In Glanz, K., Rimer, B. K., & Viswanath, K. (Eds.), *Health behavior: Theory, research, and practice (5th Ed.)*. John Wiley & Sons. ［木原雅子・加治正行・木原正博（訳）2018 健康行動学——その理論, 研究, 実践の最新動向 メディカル・サイエンス・インターナショナル.］

Glenn, L., Fidler, L., O' Connor, M., Haviland, M., Fry, D., Pollak, T., & Frye, V. 2018 Retrospective evaluation of Project Envision: A community mobilization pilot program to prevent sexual violence in New York City. *Evaluation and Program Planning*, **66**, 165-173.

Guillory, J., Chang, P., Henderson Jr., C. R., Shengelia, R., Lama, S., Warmington, M., Jowza, M., & Gay, G. 2015 Piloting a text message-based social support intervention for patients with chronic pain: Establishing feasibility and preliminary efficacy. *Clinical journal of pain*, **31**(6), 548-556.

Heaney, C., A. & Viswanath, K. 2015 Introduction to models of interpersonal influences on health behavior. In Glanz, K., Rimer, B., K., & Viswanath, K. (Eds.), *Health behavior: Theory, research, and practice (5th Ed.)*. John Wiley & Sons. ［木原雅子・加治正行・木原正博（訳）2018 健康行動学——その理論, 研究, 実践の最新動向 メディカル・サイエンス・インターナショナル.］

Ishikawa, Y., Hirai, K., Saito, H., Fukuyoshi, J., Yonekura, A., Harada, K., Seki, A.,

Shibuya, D., & Nakamura, Y. 2012 Cost-effectiveness of a tailored intervention designed to increase breast cancer screening among a non-adherent population: a randomized controlled trial. *BMC Public Health*, **12**, 760.

神馬征峰 2019 健康行動理論とは. 一般財団法人日本健康教育学会(編) 健康行動理論による研究と実践 医学書院.

Lazarus, R. S., & Folkman, S. 1984 *Stress, appraisal, and coping*. Springer Publishing Company. [本明 寛・春木 豊・織田正美(監訳) 1991 ストレスの心理学——認知的評価と対処の研究 実務教育出版.]

Metayer, N., Boulos, R., Tovar, A., Gervis, J., Abreu, J., Hval, E., Kamins, C., L., Tofuri, K., & Economos, C. D. 2018 Recruitment of new immigrants into a randomized controlled prevention trial: The Live Well experience. *Journal of Primary Prevention*, **39**(5), 453-468.

Noar, S. M., Benac, C. N., & Harris, M. S. 2007 Does tailoring matter? Meta-analytic review of tailored print health behavior change interventions. *Psychological Bulletin*, **133**(4), 673-693.

小笠原正志・津田 彰 2003 健康行動のモデル. 日本健康心理学会(編) 健康教育概論 実務教育出版.

Prochaska, J. O. & Velicer, W. F. 1997 The transtheoretical model of health behavior change. *American journal of health promotion*, **12**(1), 38-48.

Rogers, E., M. 1983 *Diffusion of innovations (3 rd Ed.)*. Free Press.

Rosenstock, I. M. 2005 Why people use health services. *Milbank Quarterly*, **83**(4), 1-32.

Rothman, J. 2007 Multi modes of intervention at the macro level. *Journal of Community Practice*, **15**(4), 11-40.

佐久間浩美・朝倉隆司 2016 プリシード・プロシードモデルを活用した「いじめ防止プロジェクト」の実践と評価. 日本健康教育学会誌, **24**(4), 217-230.

Smith, K. P. & Christakis, N. A. 2008 Social networks and health. *Annual review of sociology*, **34**, 405-429.

Terzian, E., Tognoni, G., Bracco, R., De Ruggieri, E., Ficociello, R. A., Mezzina, R., & Pillo, G. 2013 Social network intervention in patients with schizophrenia and marked social withdrawal: A randomized controlled study. *Canadian Journal of Psychiatry*, **58**(11), 622-631.

戸ケ里泰典 2019 個人間レベルの理論・モデル. 一般財団法人日本健康教育学会(編) 健康行動理論による研究と実践 医学書院.

戸ヶ里泰典・福田吉治・助友裕子・神馬征峰 2018 健康教育・ヘルスプロモーション領域における健康行動理論・モデルの系統と変遷. 日本健康教育学会誌, **26**(4), 329-341.

Wallerstein, N., Minkler, M., Carter-Edwards, L., Avila, M., & Sánchez, V. 2015 Improving health through community engagement, community organization, and community building. In Glanz, K., Rimer, B., K., & Viswanath, K. (Eds.), *Health behavior: Theory, research, and practice (5 th Ed.)*. John Wiley & Sons. [木原雅子・加治正行・木原正博(訳)2018 健康行動学——その理論, 研究, 実践の最新動向 メディカル・サイエンス・インターナショナル.]

山本和郎 1986 コミュニティ心理学——地域臨床の理論と実践 東京大学出版会.

第3部
実践と評価

　第3部では，心の健康教育の理念や理論を実践につなげるための要素（モジュール）を学習していく。部の後半では，それらの学習を踏まえた大学院生による模擬実践（演習）を紹介する。自らの実践を計画したり評価したりする際に参考にしてほしい。

8 プログラム評価による心の健康教育のデザインと改善

伊藤慎悟

　プログラム評価は，社会福祉や政策の領域に代表されるような比較的大規模なヒューマンサービスの評価に用いられることが多い。例えば，NGOの復職支援事業や地方自治体の健康増進プログラムについて，効果を上げたのか，なぜうまくいったのかという情報を収集し，内容の良し悪しを判断し，次年度の改善へと結びつけるといった用い方である。しかし，プログラム評価の視点は，たとえ1時間の心の健康教育の授業であってもその質の向上と改善に有効であり，必要なものである。本章では，心の健康教育を担当する者が学校で授業として実施する場合を想定し，自ら評価を行うために必要なプログラム評価の考え方について述べる。

　この分野の第一人者の一人である**パットン**（Michael Quinn Patton）は，プログラム評価を次のように定義している。すなわち，「プログラム評価とは，プログラムの活動，性質，アウトカムの情報を体系的に収集し，当該プログラムについて何らかの判断を下し，プログラム介入による効果の改善を行い，将来のプログラムについての決定を行うことである」（Patton, 1997）。

1 教育におけるプログラム評価

1 授業と評価

　教える側が一生懸命伝えたつもりでも，実際に伝えていたとして

も，受け手側としては内容が全然わかっていなかったり，全く行動が変わっていなかったりすることは多分に起こりうる。

　授業のときの反応が期待はずれだった日は，「説明の仕方が悪かったのだろうか」，「内容が難しかったのだろうか」，「受講者らは疲れていて授業どころではなかったのだろうか」と夜に一人で悶々とするかもしれない。さらには，授業では一生懸命聞いていたし，グループディスカッションも盛り上がっていたのに，後で受講者に会ってみると全く成果がみられず，愕然とすることもある。もちろん，「たまたま成果が出なかった」とか「今回は受講者との相性が悪かった」という場合もあるが，同じことが何度も起こると自信とやる気がなくなってくる。

　授業というものが何が起こっているかわからないブラックボックスであると，授業の改善には結びつかない。プログラム評価は，授業を可視化することで，授業が悪かったのならばなぜ悪かったのか，授業が良かったのならなぜうまくいったのかについての仮説を提示し，授業を改善する手立てとして有効である。それに加え，授業に関わる人に授業の効果があったのか，効率はどうだったのかを伝え，その後の意思決定の判断材料として用いることができるものである。

　授業実施者やプログラムの実施者は，伝える内容について十分に教材研究をしたうえで，授業の内容や活動をそのときそのときの受講者に合わせていくことで，教えた「はず」や「つもり」ではなく受講者の実質的な学びを実現していく。そのときの思いつきの内容を話したり，盛り上がるからという理由だけの活動を行ったりという授業から，ねらいや目的をもった授業にすることが，受講者にとっても関係者にとっても，もちろん授業実施者にとっても意味のあることである。

2　評価の目的

　授業には，授業実施者と受講者以外にも様々な人が関わっている。例えば中学校で学習障害についての授業を行うということを考

えてみる。受講者としては，授業が直接エンパワーメントの対象である生徒に行われることもあれば，対象の生徒と関わる教師が受講者となることもある。この場合，対象の生徒は受講者ではないけれども，重要な**利害関係者**（ステークホルダー）である。他にも，授業が行われれば，授業に参加していない教師や生徒の保護者にも影響が及ぶだろうし，校長などの管理職や教育委員会も効果や効率に対して関心を示すだろう。後々，最初は想定していなかった地域住民も関係者になる場合もある。

　評価の目的が異なれば何を評価するのかも変わってくる。そのため，授業に対してどのような関係者がどのような期待をもっているのかをあらかじめ把握しておくことが望ましい。例えば，授業においてプログラム評価を行う主な目的として，次のものが考えられる。

　①**授業改善のための評価**：授業実施者が最大の関心を寄せるのが，理解してほしいこと，できるようになってほしいこと，変わってほしいことが実際に実現されているのかという点である。授業について構造化し，評価を行うことで，単に授業がうまくいったいかなかったという結果だけではなく，改善するべき点はどこなのか，さらなる質の向上につながる部分はどこなのかといったことも明確になる。また，授業の実施前にあらかじめ授業を構造化しておくことは，授業実施者が持っている暗黙のねらいや目的を明示化させ，一つひとつの発言や問い返し，授業全体のまとまりなどをより質の高いものにするきっかけとなる。

　②**アカウンタビリティのための評価**：アカウンタビリティ，すなわち説明責任を果たすというための評価も重要である。学校内で行われる心の健康教育でアカウンタビリティを求められることは少ないが，国や自治体の公共サービスや社会プログラムではアカウンタビリティを問われることが多い。公共サービスや社会プログラムでは，人的資源，税金や寄付金などの経済的資源，時間的資源などの資源が投入されているため，組織の管理者や経営者，資源の提供者，支援者などの関係者に対して，授業が適切に運営されているのか，

成果をあげているのか説明できる状態にしておく必要がある。

　③**価値判断のための評価**：授業が単発のもので終わらず，継続もしくは拡大縮小していくのかについては，授業の良し悪しだけではなく様々な要因が重なり合って決定される。たとえ，授業が効果を上げていたとしても，授業に伴うコストが大きすぎると判断されれば，継続して実施することは難しい。アカウンタビリティのための評価が，適切に運用されているかどうかに重点が置かれているとすれば，価値判断のための評価は，効率，すなわち投入した資源に見合った効果が得られているのかに重点が置かれている。

　④**コミュニティづくりのための評価**：評価の結果として得られるものを目的とするのではなく，評価を行うという過程自体を重視することもある。例えば，心の健康教育を心理専門職と教師がともに生徒に対して行う場合や複数の担当者で心の健康教育を行う場合がある。授業に関わる人が，授業の目的ややり方を共有しながら，わいわいと評価をしていくことで，授業に対しての関係者全員の当事者意識が高まり，新たなアイデアが生まれ，評価の基準や判断についてより納得できるようになり，結果として積極的に評価結果を活用することにつながる。保護者や専門家や受講者である生徒などの幅広い関係者が参加すれば，評価についての話し合いを重ねる中で相互理解が深まり，関係者間の新たな関係性が生まれ，コミュニティが変革していくことに繋がっていく。

　以上のような目的以外にも，研究目的であったり，評価を行うこと自体が何らかのアピールや組織の都合ということもあったりするが，むしろ評価を行わなければならないという状況を利用して，評価を意味の有るものにしていきたい。評価の目的についての詳細に関しては，安田・渡辺（2008）や安田（2011）に詳しい。

3　プログラム評価を用いてPDCAサイクルを回す

　様々な評価の目的に応えるために，通常は5種類の評価プロセスが設定される（Rossi et al., 2004）。これは，評価の対象を複数の観点から評価する方法を示したもので，「**ニーズ評価**」「**デザインと**

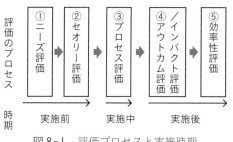
図 8-1　評価プロセスと実施時期

理論の評価（セオリー評価）」「プロセスと実施の評価（プロセス評価）」
「アウトカム／インパクト評価」「コストと効率の評価（効率性評価）」
からなる。Rossi et al.（2004）の評価の階層，源（2016）の評価の
時期と目的，安田（2018）の5段階アプローチを参考に，評価のプ
ロセスと実施の時期についての関係を図8-1に示す。

　「ニーズ評価」と「セオリー評価」は，授業の設計段階や実施前
に行うことで，授業を効果的・効率的に行うことにつながる。「プ
ロセス評価」は，授業の実施過程（プロセス）で行われるものであり，
「アウトカム／インパクト評価」は授業実施後の効果に焦点を当て
たものである。「効率性評価」は，授業のコストと効率性に関わる
ものであり，授業自体が成熟した段階で行われる。ただし，プログ
ラム評価の考え方を取り入れるにしても，すべての評価を行わなけ
ればならないわけではない。授業をこれから設計するのか，授業を
初めてやってみて改善点をみつけるのか，何年か実施してきた段階
で効果や効率を検討するのかといった，心の健康教育の実施の段階
によって行う評価は異なってくる。

　評価のプロセスには順序があり，後に実施する評価は，それ以前
の評価が行われていないと適切に評価を行うことはできない。例え
ば，プロセス評価を行う際には，ニーズ評価とセオリー評価が行わ
れている必要があるし，効率性評価を行う場合には，それ以前の評
価がすべて行われている必要がある。しかし，今行おうとしている，
または行われている授業のいずれの時期であっても，それぞれの時
期にあった評価を中心に始め，計画（Plan），実施（Do），効果の確

認（Check），改善・修正（Action）というPDCAサイクルを回すことが，指導と改善のための評価にとって重要である。

2 プログラム設計

　あなたが，週1回，中学校に勤務するスクールカウンセラーだったとしよう。普段は，保護者との面接や教室の巡回などの業務で忙しくしているが，気になる生徒のことについて話し合う機会の多いある先生から特別活動の時間を2時間ほど使って心の健康教育を一緒にやってくれないかと相談された。やるからには良いものにしたいが，さて，どうしよう。困っているあなたに対してプログラム評価は，どのように授業を設計し，成果を確かめ，改善していくのかについての指針を与えてくれる。

1　ニーズ評価

　授業を実施する前に，授業において何が期待されているのか，授業の目的や方針は何であるかを明示化しておくことは重要である。ニーズとは，"なくてはならないにもかかわらず足りていない"状態にある人々に必要なもの・状況・条件であり（安田，2011），授業のニーズは，理想的な状況と現在の状況との差といえる。ニーズ評価（ニーズ・アセスメント）とは，ニーズおよびそれを生じさせている問題を体系的に調査するものである。

　ニーズ評価の方法としては，国や地方自治体などが収集した既存のデータに基づいてニーズを把握する（社会指標法），健康教育の対象者に集まってもらい話を聞いたり（コミュニティフォーラム）アンケートをとったりする（フィールド調査），組織のリーダーやキーパーソンといった人に話を聞く（キーインフォーマントへのヒヤリング）といったことが考えられる。これらのニーズ評価で明らかになったニーズのうち優先順位が高いものを授業に反映させる（詳しくは，安田［2011］やRossi et al.［2004］を参照）。

　学校での心の健康教育のニーズは何であろうか。フィールド調査

として，生徒用のストレス尺度とこれまでの心の健康教育の経験についてのアンケートを作成し，校長に実施をお願いした。すると，生徒は普段からストレスを感じることは多いものの適切な対処行動を取ることはあまりなく，またこれまで心の健康教育に関する授業はほとんど受けた経験がないということがわかる。さらに，キーインフォーマントへのヒヤリングとして，学年主任や他の先生たちに話を聞いてみる。目立った問題行動を起こすような生徒は少ないものの，発達障害を抱える生徒やちょっとしたことから不登校などになってしまう生徒が増えているため，不適応への予防となるような授業をしてほしいというニーズがあることがわかる。これらのニーズのうち何を優先するか考え，心の健康教育の一環として「ストレス・マネジメント」を授業の内容として扱おうという決断ができる。

2 セオリー評価

　授業の目的と内容が決まった後には，授業全体を設計する。「授業は何を目指してやっているのか（長期的な目標）」，「授業が終わった後に受講者はどう変わっているのか（短期的な目標）」，「どんな内容を扱い，誰が（組織計画），どんな活動をするのか（活動）」などについて決定していく必要がある。

　授業やプログラムの目的とそれを達成するための手段を体系的に整理し，因果関係を図示するものとして，**ロジックモデル**と呼ばれるものがある。「**インプット**（投入資源）」→「**アクティビティ**（活動）」→「**アウトプット**（結果）」→「**アウトカム**（効果）」→「**インパクト**」という5つの構成要素からなるものが基本であるが，形式は自由で構わない。

　図8-2に，ストレス・マネジメント教育を例にした基本的なロジックモデルを示した。5つの構成要素について，先ほどの例に沿って示していく。

　①**インプット**（投入資源）：授業実施者やその協力者，授業を行う施設・設備，諸経費（人件費・教材費・施設利用費），運営業務など，

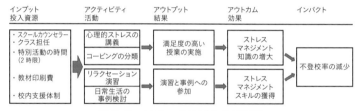

図8-2　ロジックモデルの基本形

授業に対して直接的・間接的に投入される資源（ヒト・モノ・カネ・情報・時間・ネットワーク等）をリストアップしてみる。図8-2の例では，人的資源として「スクールカウンセラー（以下，SC）」，「クラス担任」，時間的資源として「特別活動の時間」，費用として「教材印刷費」，組織的な資源として「校内支援体制」を例として示した。

②アクティビティ（活動）：講義，体験，グループでの話し合い，発表など授業で行う実際の教育活動等のことである。例では，「心理的ストレス」の講義と「コーピングの分類」を行うという体験が知識の増大につながる活動に，そして「リラクセーション」の体験と「日常生活の事例」のグループでの話し合いがスキルの獲得につながる活動としてある。

③アウトプット（結果）：授業が行われることによりもたらされる直接的な結果である。受講者数や参加率，受講者の特徴や属性，満足度などで示すことができる。例では，知識の獲得につながるアウトプットでは「満足度の高い授業」，スキルの獲得につながるアウトプットでは「参加」を指標としている。

④アウトカム（効果）：授業の成果であり，知識・技能，意欲・態度，行動レベルの変化・変容。例では，「ストレス・マネジメント」に関する知識の獲得と技能の増大に焦点を当てているが，態度や行動変容をアウトカムとすることもできる。

⑤インパクト：授業後に，直接の授業のレベルを超えて生じる副次的・派生的に組織や制度あるいは地域コミュニティに及ぼす影響である。例では，授業の直接的な効果を超えたものとして，「不登校率の減少」を示している。より派生的なものとしては，他の学校

での授業の実施なども考えられる。なお，インパクトは実質効果（net effect）という意味で用いられることもある。

　以上がロジックモデルの基本形をふまえた5つの構成要素になるが，時系列や授業案に即したロジックモデルなど，実施する授業に応じたものにするとさらに使い勝手が良くなる。基本形以外のロジックモデルの例としては，安田・渡辺（2008）や安田（2011）を参照してほしい。

3　プログラムの改善

　ロジックモデルを作成すると自分が暗黙裡に思っていたことが明らかになり，情報の共有や改善が行いやすくなる。ここでは，Rossi et al.（2004）を参考に改善点を探す観点を示す。

　①**アウトカムやインパクトは具体的か？**：アウトカムやインパクトは達成されたかどうかが判断できる程度に具体化する。「より良い学校の実現」ではそれが達成されたかどうかが判断できないが，「不登校率の減少」であれば事前に基準を定めておけば達成されたかどうかの判断が可能となる。

　②**アウトカムやインパクトは実現可能か？**：授業に対する過大な期待や行っている活動と関わりのない目標であることは望ましくない。ストレス・マネジメント教育のアウトカムとして「学力の向上」を設定するのは活動と直接関係しているとは言い難く，「欠席日数0日の達成」なども現実的ではない。

　③**ロジックモデルの因果関係に説得力があるか？**：アクティビティからインパクトの流れに説得力がないと最終的な目標と実際にやっていることにズレが生じてしまう。関係者が十分納得できるものであれば，こうすればこうなるはずという主観的な仮説でかまわない。心の健康教育に関して言えば，7章の健康理論などに則ったものとなっているとさらに説得性が増す。

　④**受講対象者のニーズに合い，授業を受けられる体制になっているか？**：学校の教師や企業の従業員向けの研修を行う場合，各人の業務を考慮に入れたうえで授業や研修を設定しないと，あまり必要

でない人が参加し，本当に必要な人が参加しないという本末転倒な事態になりかねない。

⑤**授業の構成，活動，目的がはっきりとしており，十分であるか？**：すべてのアクティビティがアウトカムにつながることが望ましい。行おうと考えているアクティビティがアウトカムにつながっていなかったり，特定のアウトカムに対するアクティビティが多すぎたり少なすぎたりする授業計画は再考すべきである。

⑥**配分されている資源は適切か？**：授業に関わる費用，授業実施者やスタッフ，設備や施設などが十分でないと重大な影響が出る場合がある。

以上，改善のための観点を示した。もし，あなたがロジックモデルを作成したばかりなら，これらの観点にそって授業を変更する余地があるかどうか，一人で，あるいは誰かと一緒にでもいいので検討してほしい。

3 プログラム評価

これまでプログラム評価の観点から，授業を意図的かつ体系的に設計する方法について述べた。以下に授業がどのようなものであるのか，データに基づき良し悪しの価値判断を行う手順，すなわち授業の評価について述べる。

1 評価クエスチョン

授業の評価を行う際には，何を知りたいのかという評価を行う上での道しるべとなる「**評価クエスチョン**」をあらかじめ設定するのが一般的である。評価クエスチョンの設定では，誰が答えを求めているか，何について知りたいのか，評価結果をどのように使うのかという情報が必要となる。評価クエスチョンは，受講者，授業実施者，授業の実施状況，組織の運営といった多種多様な要素が絡んでくる。

例えば，受講者に対する評価クエスチョンとして，「参加意欲・

満足度は高かったか」,「授業の内容をどの程度理解できたか」,「受講者にはどんな変化があらわれたのか」,「受講者や関係者のニーズは満たされていたか」などが考えられる。

　授業の実施方法や運営に関するものとしては,「授業実施者は授業の目的や活動について十分に理解していたか」,「授業実施者と受講者の間に良好な関係性ができていたか」,「授業実施者や実施場所の違いによって,授業の質に差がなかったか」,「組織内での連携・協働が適切に行われていたか」,「意図していた受講者に適切に授業を提供できたか」などが考えられる。

　評価クエスチョンを設定した後は,プロセス評価,アウトカム評価,効率性評価のどの段階の評価として行うのか,アンケートやインタビュー,様々な記録など,どのような評価方法を用いるのかを決定していく。

2　プロセス評価

　授業の効果を評価クエスチョンにしているような場合,なぜ効果があったのか,また効果が十分でないならばどこを改善すべきかという問いに答えるためには,どのように授業が運営されたのかという授業の実施状況の情報を得ている必要がある。**プロセス評価**では,授業が適切に実施されたかについて,主にインプットからアウトプットに関わる部分の評価を扱う。以下に,プロセス評価に関わる評価クエスチョンの例を挙げる。

---

①受講者に対する評価クエスチョン

・受講者の数と特徴（属性）および適切な対象者であるか

・授業の参加意欲や満足度は高かったか

・授業中に適切な行動をとっていたか

・受講者のニーズに合致していたか

・授業以外に受講者への影響を与える要因があったか

---

②**授業実施者に対する評価クエスチョン**

・実施者の特徴（属性）

・実施者は授業を十分理解していたか

・実施者と受講者の間に良好な関係性ができていたか

③**授業に対する評価クエスチョン**

・授業の実施回数や頻度

・活動の種類と内容が計画どおり行えたのか

・場所や実施者によって，行った授業に違いがあったか

④**運営に対する評価クエスチョン**

・実施の段取りと問題点の有無

・組織の人間関係

・授業に関わる資源は十分であったか

　プロセス評価の方法に関しては，評価クエスチョンに合ったものを選択する。「受講者の数と特徴」であれば，実施時に記録として残したり，組織が保持している記録を利用したりできる。「授業中の行動」であれば，活動中の様子を記録に残したり，グループワークなどの作業に用いたワークシートの書き込みの量を指標としたり，授業後にアンケートをとったりもできる。「参加意欲や満足度」は，主にアンケートやインタビューによってデータが得られる。

3　アウトカム評価／インパクト評価

　授業に効果があったのかについて，中長期的な視点でデータを集め，判断を下すのがアウトカム評価（インパクト評価）である。アウトカムは受講者個人の変容が中心となるが，集団や組織といった個人以外の変容となる場合もある。以下に，アウトカム評価に関わる

評価クエスチョンの例を挙げる。

・コーピング行動が増加したか（行動・行為の変容）
・ストレス・マネジメントの知識を得たか（知識・技術の獲得）
・自分の心理的健康に関心を持ったか（関心・意欲・態度の変容）
・欠席日数・欠席率が減少したか（状態・立場の変化）

　アウトカム評価に関わる複数の評価クエスチョンが特定できたとしも，すべてが評価可能であるとは限らない。例えば，「ストレス・マネジメントの知識が増えたか」という問いであれば授業実施直後に測ることができる。しかし，「生徒の心理的健康度が向上したか」という問いに答えるには，授業で得た知識を実生活で活用し，試行錯誤を繰り返しながら生活を豊かにしていくという過程の後に初めて測定しうる。そのため，評価クエスチョンが特定できたのちは，短期的なアウトカムか長期的なアウトカムかといった時系列にそって整理したり，個人的なアウトカムか集団に対するアウトカムかといった生態学的な視点にそって整理したりする。そのうえで，金銭的・時間的コストや回答者の負担などをふまえて，実際に測定するアウトカムを決定し，アウトカムを操作的に定義し，アウトカムの指標を作成したり，すでにある尺度等を選定する。ただし，評価クエスチョンが「この授業に参加したことで何を学び，その後の生活でどんな役に立ったのか」のように探索的な問いの場合，指標の作成を必要としない場合もある。

　このように授業の改善を目的とした評価においては，できるだけシンプルにして，あえて厳格さを捨てても，時宜に即した情報を得ることが必要である。一方で，評価の目的によっては，実験や準実験デザインを用いて，授業に影響を与える要因を考慮に入れながら，評価を行っていく必要がある。

4 価値判断と解釈

これまで，評価クエスチョンに従ってデータを集めてきた（測定）が，価値判断を下す（評価）には，そのための基準や水準を決める必要がある。価値づけの基準としては，①過去との比較（経年変化や実施前後での変化），②目標値との比較，③統制群との比較が考えられる。目標値を設定することに関して，社会的なデータが得られる場合（例えば，中学校の不登校率）や標準化されている尺度などを指標にする場合（例えば，標準化されている精神的健康尺度）は，その基準との差を検討することができる。指標を自ら作成した場合などは，関係者間で納得のいく基準を設定する。定量的なデータであれば，価値づけの基準が決まり，データが収集できれば，統計的検定などの分析を行うことにより，それぞれの評価クエスチョンごとに価値判断が行える。定性的（質的）なデータであれば，データを基に分析を行い，分類したり構造化したりして，評価クエスチョンに答えていく。

さらに，個々の評価の関連性を検討し，統合的に判断することもできる。例えば，ロジックモデルの流れやフローチャートに沿って，順番に評価していくことが考えられる。計画どおりに授業が行えたのか（アクティビティ），受講者の満足度が高い授業を行えたのか（アウトプット），期待される効果が表れたのか（アウトカム）というプログラムの構成要素ごとに順番にA（満足），B（おおむね満足），C（不満）などの評価を下す。すべてがAならば，総合評価はAとなる。その一方で，前提条件の評価がBであれば，その後の評価は高くてもBという評価になる。

4 おわりに

以上，本章では，プログラム評価の考えに基づく授業の改善や質の向上の方法について述べた。授業が軌道に乗り，次の段階に進めば，類似の他の授業と比較を行ったり，効率を評価したりすることも可能となる。ただ，評価自体が目的となる評価やいわゆる「評価

疲れ」に陥らないよう，できる範囲で取り組んでほしい。評価は皆のために行うのであって，評価のために皆があるのではない。

■引用文献

源由理子 2016 参加型評価——改善と変革のための評価の実践 晃洋書房.

Patton, M. Q. 1997 *Utilization-focused evaluation (3 rd ed.)*. Sage Publications.

Rossi, P. H., Lipsey, M. W., & Freeman, H. E. 2004 *Evaluation: A systematic approach (7 th ed)*. Sage Publications.［大島 巌・平岡公一・森 俊夫・元永拓郎(監訳) 2005 プログラム評価の理論と方法 日本評論社.］

安田節之 2011 プログラム評価——対人・コミュニティ援助の質を高めるために 新曜社.

安田節之 2018 プログラム開発と評価のためのキャパシティビルディング——5段階アプローチ. コミュニティ心理学研究, **21**(2), 115-127.

安田節之・渡辺直登 2008 プログラム評価の方法 新曜社.

9 理論を実践に活かすモジュールの検討

飯田敏晴

　本章では，心の健康教育に関する理論を学び実際に自分で試みようとする者，もしくは現任者（以下，実践家とする）に必要な姿勢とは何かについて，再び議論していく。すでに2章において実践家に必要な姿勢や役割について論じたが，ここで検討したいことは，実践家が理論を現場のニーズにマッチさせるために必要な**モジュール（構成要素）**のことである。様々な現場で実践されている教育という営みをより実り多いものにするために，実践家には何か必要なのかを具体的に掘り下げてみたい。そのために，章の後半では，筆者らが行った仮説生成的研究の成果も紹介する。

1 理論を実践に活かすには

1 心の健康教育の実践には

　21世紀以降の**コミュニティ・メンタルヘルス**（community mental health）の実践あるいは研究領域では，受益者の文化的背景に基づいた価値観や状況に沿ったサービスシステムの構築に強い関心が向けられている。例えば，世界保健機関（WHO）は，中低所得国において，精神・神経・物質使用障害に対する保健医療サービスを必要としている人のうち約5人に4人がそれらのサービスを受けておらず，またサービスが利用可能な場合でも，提供されるサービスの多くはエビデンスに基づいておらず質も高くないという現状を指摘した。そして，その問題の打開のために，メンタルヘルス・ギャップ・アクションプログラムを立ち上げた（WHO, 2010）。

このプログラムの冒頭には，提供者側のコミュニケーションの一般
原則として次の6つを掲げている。

①明確で，共感的コミュニケーションをとり，年齢，性別，文化，
言語的な違いについて細やかに対応する。

②いつでも，親しみやすく，礼儀正しく，先入観を持たずに対応
する。

③簡単で明快な言葉を使う。

④個人的で苦痛を伴う情報（例：性暴力や事象）を打ち明けられた
ときには，慎重に対応する。

⑤その人にとってわかりやすい言葉で，健康状態に関する情報を
提供する。

⑥自分自身の状態をどう理解しているか，質問する。

このように，心理専門職がパフォーマンスを発揮し，国民の心の
健康の保持増進に寄与するためには，相手の視点に立ったコミュニ
ケーションが基本である。また，受益者だけではなく，その周囲の
関係者（ステークホルダー）の中には，ある事象に対して自分自身と
は全く異なった価値観，態度，考え方を有する者もいるだろう。他
の専門職との間での関係形成に困難さを覚えることもあるかもしれ
ない。近年，保健・医療領域では，リカバリー（recovery:
President's New Freedom Commission on Mental Health, 2003）や
トラウマインフォームドケア（Herman, 1992; 野坂, 2019）への関心
が高まっているが，その背景には当事者のみでは対応することがで
きない環境要因が存在していることを示している。実践家は，ス
テークホルダーとの間でも，そうした要因と向き合いながら持続的
で安定的な信頼関係を構築する必要がある。

2　実践家の「心の健康教育力」を発揮するには

ここであらためて，心理専門職が実践現場で求められる基本姿勢
について整理してみよう。

まず，心の健康についての適切な知識を有し，心の健康が阻害さ

れ回復しようとしている個人や家族はもちろん，心の健康を保持増進しようとする人々に対して共感的な理解を示す姿勢が求められる。次に，常に自分自身の心の健康に注意・関心を払いつつ，医療・教育・産業・福祉・司法などの諸分野それぞれの特殊性を理解し，当事者とともに社会づくりに寄与していこうという姿勢も必要であろう。しかし，これらは必要条件ではあるが，十分条件とはいえない。

　読者の多くは，心理学や関連諸科学をベースとした厳密な科学的手続きに基づく研究とその成果に基づいた実践の重要性を何らかの形で学んできたであろう。また，実践ではステークホルダーとの良好な対話，様々なソーシャルスキルや臨床技術が不可欠であることを日々感じている者，さらには心理学および関連諸科学に関するデータの解析技術や新たな理論を学ぶ必要性を実感している者も少なくないであろう。中には，一人のクライエントの内的世界や周囲との関係性は科学的手続きでは真には測定することはできず，むしろ支援者自身の思考や情動の理解あるいは反省に基づきながら正確にクライエントを見立て，対話を続けていくことが主訴の軽減や解決に有効であると感じている者も多いと考えられる。

　これらのことからわかるように，一方で，心理専門職は生涯にわたって，ソーシャルスキル，臨床技術，心理学や関連諸科学に関する理論，調査や解析技術を学びつつ，もう一方では，自己洞察を深めたり，他者に対する自己開示の量や質を検討したり，経験豊富な実践家からのアドバイスを求めたりしていくことが期待される。

　下山（2015）は，実践家に求められる技能として，①関係を形成する**コミュニケーション技能**，②問題解決に向けて方針を定めて介入する**ケースマネジメント技能**，③問題解決の活動を社会的に位置づける**システムオーガニゼーション技能**を掲げている。①のコミュニケーション技能には冒頭に紹介したコミュニケーションが含まれるだろうし，②のケースマネジメント技能とは，ソーシャルスキル，臨床技術，心理学や関連諸科学に関する理論，調査や解析技術を学ぶことであろう。そして，③のシステムオーガニゼーション技能と

は，例えばコミュニティでの活動の中に予防のための心理教育を位置づけたり，他の専門機関に連携を働きかけたり，必要に応じて他の機関へリファーしたりするために必要な社会技能のことを示している。

また，Rodolfa et al.（2005）は，実践家の成長過程で獲得していくコンピテンシーについて，次のように整理している。この考え方は**コンピテンシー立方体モデル**と呼ばれる。まず，このモデルにおけるコンピテンシーとは，次の３つから構成される。①基盤的コンピテンシー，②機能的コンピテンシー，③専門家としての発達段階である（岩壁ら，2015）。①の基盤的コンピテンシーのうち，反省的実践，科学的知識と方法，治療関係などはすでに論じたものと関係が深く，文化的多様性や多職種協働は，急速な多様化が進む現代社会にあって，近年「**チーム医療**」や「**チーム学校**」などが重視されていることからも，その重要性は容易に理解できるだろう。実践において実感している者も多いのではないだろうか。

3　心の健康教育に求められるトレーニングとは

心の健康教育は，上述した下山（2015）のいうシステムオーガニゼーション技能が最も求められる業務である。システムオーガニゼーション技能とは，一言でいえば，既存の社会システムの中に新たな制度や仕組みを組織化して位置づけていく技能である。

Chu et al.（2012a）は，Imber et al.（1978）の**公衆心理学**（public psychology）の視点に基づいて，**公衆心理コンピテンシー**（public psychology competency）モデルを提案している。このモデルは，上述した３つのコンピテンシーから構成されている。くり返しになるが，あらためて提示したい。①基盤的コンピテンシー（重篤な精神疾患と薬物依存のアセスメントやトリートメント，臨床的なスーパービジョンとコンサルテーション，コミュニティ・ベースドリサーチ，当事者との協働，臨床実践での多文化対応力，エビデンス・ベースド・プラクティスインポーテーション，臨床実践の統合，グラントライティング，ニーズアセスメントとプログラム評価，組織運営，組織的コンサルテーション，政策／アドボカ

シー，メンタルヘルス格差の低減），②機能的コンピテンシー（アドミニストレーター，心理臨床家，コンサルタントまたはトレーナー，政策的アドボカシー，リサーチャー，スーパーヴァイザー），③専門家としての発達段階（博士レベルの教育，博士課程のインターンシップ，博士課程修了後のスーパーヴィジョン，就職後のスーパーヴィジョン，継続的な教育）である。そして，Chu et al.（2012b）は，米国パロアルト大学大学院博士課程の臨床心理学コースでのトレーニングモデルを紹介している。大学院生は，そのコースにおいて，公衆心理コンピテンシーの基盤や機能（職能）に関する歴史や理論や技術の概説を学習しつつ，外部の機関と実際に協働して，メンタルヘルスに関わる様々なプログラムを実施し，必要な技能を身につけていくという。

　日本の教育カリキュラムでは，学部卒業および大学院修士課程修了後に実務に就く者が多い。大学院修了後に実務の幅が広がってくると，事例の多様性，例えば重篤な精神疾患と薬物依存の問題が複雑に絡みあった事例を経験することが増えるだろう（例えば，飯田ら，2015）。また経験を重ねるにつれて，若手へのスーパーヴィジョン，他職種へのコンサルテーション，病院・学校・組織などといった集団への介入，研修会等での講師，あるいはアドボカシー（飯田・渡邉，2013）といった機会が増え，複数の理論や技術を柔軟に組み合わせられる技能を学ぶことになる。当然のことながら，海外と日本の職業発達段階の違いはあるものの，生涯にわたっての学びが求められることには変わりはない。

4　モジュールを持つことの有用性と開発

　これまで心の健康教育に携わる実践家の姿勢について論じてきた。Chu et al.（2012a）が提唱するような公衆心理コンピテンシーの獲得は，日本の大学院修士課程における教育カリキュラムや実践において，どこまで可能だろうか。

　予防，ストレス・マネジメント，メンタルヘルス・リテラシー，健康行動，プログラム評価といった各種理論や技法を学ぶことは極めて重要である。それに加えて，こうした理論に基づく実践には，

それらをつなぐ大小の歯車（モジュール）の構造を把握することは不可欠ではないだろうか。なぜならば，心の健康教育は，心理専門職が心理療法やカウンセリングの場面でクライエントと対峙する際の姿勢と同様に，実践家とステークホルダーとの関係や相互作用のありようといった環境への関わりが直接的に求められるからである。特定の理論に縛られるのではなく，ときには各現場のステークホルダーのニーズにあった教育理論をその場で構築していく姿勢が求められる。

　実践家が受益者やそのステークホルダーとどのように関わるかという問いに対する唯一無二の回答はない。なぜならば，何らかの心の健康教育を行った後に，参加者の視線，言動，取り組みを追体験したり振り返ったりすることではじめて，その教育の意味が明らかになることが多いからである。そこで，以降ではS大学院における「心の健康教育の実践」から収集された質的データを用いた分析結果を紹介する。大学等での教育課程における実践家の訓練は，「一人の教員（実践家）と複数の学生（大学院生）から構成される場（教室）で生じているサイコダイナミックは実際の心の健康教育の現場で生じることとその多くにおいて重複している」という前提で進められる。さらには，実践家としての訓練途中にある者という特徴も有している。実践家 − 受益者双方の視点に立つ大学院生によって生成されたデータは，実践に必要なモジュールを検討する上で貴重な示唆を与えるものと考えられる。

　具体的には，実践が特定の集団やコミュニティに対しどのような価値や体験を対象者にもたらすことになるのかや，そうした価値や体験を促すために必要な教育法とはなにかを考える上での手がかりを提示する。

2 モジュールの抽出

1 心の健康教育のシラバス例

　はじめに，データの意味を適切に知るために，この授業がどのような内容であるのかについて，シラバスを提示する。科目担当者は，受講者へ向けて，授業概要と目標を次のように提示している。

　授業概要　本授業では，心理教育やストレス・マネジメント，その他の健康教育の実践に必要となる理論を解説する。その後，教育領域，保健・医療領域，産業領域等の様々な領域での実践例を紹介し，その留意点を解説する。最後に，小グループに分かれて健康教育プログラムを策定し，それを想定して実施する。

　授業目標　本授業は，「心の健康教育」に関する理論と実践を学ぶことが目標である。公認心理師等の心理専門職として，様々な対象に対して，心の健康教育を実施できるように，そのいくつかの方法の学修を目指す。

　授業外学習　①テキストあるいは配布資料を読み込み，各領域の対象者が，健康教育プログラムへアクセスする際の心理的背景について理解し，自分なりの考えをまとめて授業に参加すること。②①の理解と，小グループに与えられたテーマに基づいた各種関連資料を調べ，11回目〜15回目までの健康教育プログラムの立案と実施の準備をすること。③授業終了後は，授業内でのプレゼンテーションや議論を踏まえて振り返り，考えを深め，レポートを提出する。

　以上が授業内容である。この授業では，その導入期において，健康教育や日本における健康関連政策，健康行動理論等の基本情報を伝えたのち，中期においては，講師がまず現場を想定して，模擬実践を行う授業を展開している。そして，受講者は，その現場にいる

ものとして展開していく（ロールプレイ）。後半では，受講者自身が，実際に単発でのプログラムを作り，他の受講者を対象として実施する。終了後にはお互いにコメントを寄せ合う形式で実施している。プログラムごとに，その「満足度」と「理解度」を相互評価し，さらにその評価理由についても自由記述で収集している。以下，筆者らが行った共同研究の成果からその一部を紹介する（田中ら，2019）[※1]。

2 方法と結果

手続き モジュールの抽出に用いたデータは，受講者が授業時に寄せた自由記述である。表9-1は，中期～後期での授業形式，履修人数，各回のテーマ，学習方法，そして，自由記述文の数（大学院生と筆者が全ての自由記述を意味単位に分けて切片化）を掲載している。そして，ここで得られた622の切片を心理学系大学院生4名と心理学者2名（博士号取得者）が，意味内容が類似したものをまとめる作業を通して分類した。その結果，意味が明確に異なる2種類の記述文に分かれた。ひとつは「経験的視点」からの言及である。対自的・自他的視点ともいえる内容であって，教育内容を自身に落とし込んだ上での陳述である。もうひとつは「評価的な視点」である。逆に対他的であって，教育そのものへの評価の視点であった。そこで，分析者で話し合い，それらの陳述は別にした上で分析することにした。

経験的視点に基づいた切片の分析結果 分類の結果，大カテゴリーとして5つが得られ，各カテゴリーには2から7の小カテゴリー（総計26カテゴリー）が得られた（表9-2）。

受講者は「考えることができて面白かった」「授業内容が面白かった」と受けた教育への【情緒的価値】や，講義や実習を通じて得た講義スキルへの【機能的価値】，あるいはグループワークや体験を通じて【創造的価値】を述べていた。また「知らなかったことを知った」「考えさせられた」という【思考・感覚的体験】，それを「内面化」したり「感謝」したり，といった【能動的体験】を述べていた。

表 9-1　S大学院「心の健康教育特論」授業一部

授業形式	対象者数	テーマ	内容	切片数
講義	14	健康教育を届けるために：我々は何を教育するのか？	1.援助要請研究の外観と保健・医療分野での研究の実際（HIV/AIDS, 腎疾患）の紹介，2.「心の健康教育」を届ける工夫GW	51
実習（モデル提示）	17	介護職員のメンタルヘルス	1.知識，2.対人ストレス尺度の実施と採点，3.スキル紹介	82
実習（モデル提示）	17	「性の多様性」を踏まえた心理支援	1.用語説明，2.歴史，3.当事者の声（朗読），4.バーンガ	91
実習（模擬1）	14	精神障害者の雇用問題	障害者雇用→GW(消極的理由)→説明(データ)→GW(共に働くことへの考え)→精神疾患の知識→事例・声紹介	64
実習（模擬2）	15	学習障害の理解と教員の関わり	1.LD疑似体験，2.概念定義，3.架空事例提示，4.読字・発話の協応体験，5.二次障害の説明	70
実習（模擬3）	14	介護家族のメンタルヘルス	1.認知症の定義，症状，2.介護者の体験談，3.介護家族のストレス，介護うつ，高齢者虐待，4.ストレス処理法，5.認知症者への対応，6.モデル提示(映像)，7.コツの説明(笑顔など)	69
実習（模擬4）	14	国際結婚家族への支援	1.海外に暮らす困難さ(説明＋個人W)，2.国際結婚の現状，3.当事者が抱える困難について考える(個人W＋説明)，4.スクールカウンセラーとしての関わりを考える(ロールプレイ)，5.まとめ	50
実習（模擬5）	15	MCTうつ病へのメタ認知トレーニング：うつ病当事者向け	1.認知とは，2.MCTの説明，3.MCTをセルフで実施	76
実習（模擬6）	15	働く人のメンタルヘルス	1.働くこと(GW＋説明)，2.ストレスの説明(うつ含)，3.セルフケア	69

表 9-2　講義・実習から得たこと

大カテゴリー	小カテゴリー
情緒的価値	考えることができて面白かった
	内容が面白かった
	体験できて面白かった
	楽しかった
	グループワークをネガティブに感じた
	心が軽くなった
	何も感じなかった
機能的価値	自分が授業を行ってわかったこと
	授業のやり方が良くて勉強になった
創造的価値	授業後の抱負
	考えるきっかけになった
	グループワークによる広がり
	視点の広がり
	体験から感じたり，わかったりしたこと
思考・感覚的体験	知らなかったことを知った
	授業内容を理解できた
	授業内容の反復
	当事者の大変さを知った
	授業内容からの学び
	わかりやすかった
	考えさせられた
	雰囲気の良さ
能動的体験	授業内容の内面化
	授業後の昇華
	講師への感謝
	授業内容への意見

評価的視点に基づいた切片の分析結果　分類の結果，大カテゴ
リーとして 8 つが得られ，各カテゴリーには 2 から 5 の中カテゴ
リー（総計24カテゴリー）と，各中カテゴリーに 2 〜 4 の小カテゴリー
（総計54カテゴリー）が得られた（表 9-3）。

表 9-3　授業への評価

大カテゴリー	中カテゴリー	小カテゴリー
視聴覚効果	図表のわかりやすさ	わかりやすい図表 わかりにくい図表
	スライドのわかりやすさ	わかりやすいスライド わかりにくいスライド
	映像の伝わりやすさ	映像の良さ 映像の改善点
	資料のわかりやすさ	資料がわかりやすい 資料が少ない
	話し方の伝わりやすさ	話し方の伝わりにくさ 話し方の伝わりやすさ
授業構成	授業の構成の良さ	授業の構成が良くない 授業の構成が良い 発表のポイントが抑えられていた
	流れのわかりやすさ	わかりやすい流れ わかりにくい流れ
	時間配分のうまさ	時間配分が良くない 時間配分が良い
情報の近接性	具体的な提示	過度な具体例 適度な具体例 過度な抽象性 もっと具体的な対策が知りたい
	活用可能な情報の提示	実践に移せる方法の獲得 リソースの提示が良かった
	当事者の声	当事者や実際に関わっている人の声がほしい 当事者の声があってよかった
情報の質	根拠の有無	根拠があって良い 根拠に乏しい
	適度な質の情報	適度な情報の質 すでに知っている内容だった

レベル設定	説明のわかりやすさ	説明のわかりやすさ 説明が丁寧でわかりやすい 説明が容易に理解できた 説明のわかりにくさ
	趣旨の伝わりやすさ	発表の趣旨の伝わりやすさ 発表の趣旨の伝わりにくさ 指示が不明瞭
	情報量の適切さ	情報量過多 もう少し情報がほしかった 適度な情報量
アクティブ ラーニング	ロールプレイ	ロールプレイの良さ ロールプレイの内容や無かったことに対するネガティブな意見
	グループワークの良さ	グループワークから当事者意識が生まれる グループワークが多く理解が深まった
		体験できてよかった
受講者の ニーズ	対象者への配慮	対象者への配慮不足 対象者への十分な配慮
	聞き手の関心をひく内容	授業内容への親しみやすさ 聞き手の興味関心を引く必要性
	受講者が自ら考える時間の提供	課題の発見 内省機会の提供
意見交換	意見共有の機会	意見共有ができた 意見共有が少ない
	受講者のコメントに対するリアクション	受講者のコメントへの対応の良さ 受講者へのコメントがほしかった

　【視聴覚効果】では，図表やスライド，映像，資料の体裁，伝達具合のわかりやすさ，伝わりやすさについて，それらに対する肯定的意見，否定的意見が表明されていた。【授業構成】では，講師が伝えたい「ポイント」そして，その構成の適切さ，わかりやすい流れかどうか，時間配分などについて，それらに対する肯定的意見，否定的意見が表明されていた。【情報の近接性】は，受講者が得た情報について，自身とのその情報との近接性について述べた陳述が

まとめられた。例えば，その具体性に触れるものであったり，今後活用したり，当事者の体験談が紹介されているかである。【情報の質】では，提示した各情報がしっかりとした根拠に基づいたものであるか，あるいはそうではないのか，あるいは根拠に基づいていたとしても，その質に触れるような陳述が多かった。【レベルの設定】は，対象者と教育内容の一致に関する陳述であった。例えば，それがわかりやすいものであったかそうではなかったか，「趣旨」が伝わりやすいものであったか，それに伴う情報量が適切であったかである。【アクティブラーニング】は，文字どおりアクティブラーニングについての陳述があった。一般的に，心理学の授業ではロールプレイやグループワークが多く用いられたが，そのことに対する肯定的・否定的陳述である。【受講者のニーズ】は，講師が受講者にどのような配慮をしていたか，そしてそれは自分たちの関心を引くような内容であったか，受身的にならずに「考える時間」が確保されていたかどうかの言及であった。【意見交換】は，受講者同士での意見共有の有無や，講師から適切なフィードバックがあったかどうかについての回答であった。

3 ワークシートの利用

1 モジュールの抽出とワークシートの作成

　受講者は，授業によって得られる「経験的視点」と，その経験に与えた「評価的視点」での両方の視点に基づいてコメントをしていた。経験的視点に基づく学修体験では，思考・感覚的な，あるいは能動的な体験を経て，講義・実習内容に対して情緒的，機能的，創造的価値を見出すようである。一方，「評価的視点」においては，受講者は自身の理解力やニーズに応じた教育を求めており，その際の手法として視聴覚効果，授業構成のまとまりの良さ，さらには身近な体験やアクティブ・ラーニングに関する意見交換などを求めていたことがわかる。そしてその提示には，量と質ともに十分に厳選されたデータを用いることを求めていた。

章末には，心の健康教育の実践家が何らかのプログラムの実施前に，どのような方法で，何を意図してプログラムを開発していくか，実施後に自身がどのような実践を行ったのかを振り返ることのできるワークシートを添付した。実施後に受講者からプログラムへの感想を自由記述で求めることにより，受講者がプログラムのどのモジュールに対してどのように反応したのかが評価できるように設計されている。

2 ワークシートの主な使い方

　実践前（Plan：計画）　受講者のニーズに対して，どのようなことを目標とし，どのような工夫をしていくかを考える際の枠組みとして活用する。この際，実践家が各項目について自らチェックしてから具体的に設計したり，可能ならば主催者などキーパーソンとの打ち合わせ段階で話された内容をチェックしてもよいだろう。

　実践中（Do：実施）　一般的なPDCAサイクルでは，P（計画）の段階で定めたとおりの行動が求められるが，心の健康教育では受講者と実践家との関係性やコミュニケーションを考えていくことも同時に求められる。その際，このワークシートでチェックしていたことを原則的な枠組みとして位置づけて活用する。

　実施後（Check：評価）　プログラム実施後に，受講者に対して感想を自由記述文で求める。さらに可能な場合は，理解度や満足度を5点満点で尋ねる。記述文回収後，その文章の意味内容がワークシートの各項目に出現していたかどうかをチェックする。その際，数量を画線法で計算していく。チェックは，記述文の分量に応じて，ひとつでも複数でも構わない。

　表内には，ひとつの記述文に対して，プラス（＋），マイナス（−）のチェック欄がある。分類時には，①記述文と同じ意味内容が出現した際には（＋）にチェックする。②反意語が出現した際には（−）にチェックする（例：“図表がわかりづらかった”のときは評価的視点の視聴覚効果「図表のわかりやすさ」の（−）欄にチェックする）とよいだろう。自由記述文での感想文が得られなかった場合，実践家が実施前と直

後に修正した箇所をチェックしてもよいだろう。

　改善段階（Action：改善）　ワークシートでの分類結果に基づいて，その結果が生じた背景について考察する。効果指標として心理尺度など量的な指標を用いた場合は，それらの結果も合わせて複合的に検討する。

　10章から13章では，このワークシートを用いた実践例（架空）と大学院生による実践（ロールプレイ）結果を示す。

■引用文献

Chu, J. P., Emmons, L., Wong, J., Goldblum, P., Reiser, R., & Barrena, A. Z. 2012a Public psychology: A competency model for professional psychologist in community mental health. *Professional Psychology: Research and Practice*, **43**(1), 39-49.

Chu, J. P., Emmons, L., Wong, J., Goldblum, P., Reiser, R., Barrera, A. Z., & Byrd-Olmstead, J. 2012b The Public Psychology Doctoral Training Model: Training clinical psychologists in community mental health competencies and leadership. *Training and Education in Professional Psychology*, **6**(2), 76-83.

Herman, J. 1992 *Trauma and recovery: The aftermath of violence-from domestic abuse to political terror*. Basic Books.

飯田敏晴・渡邉愛祈 2013 HIV／エイズとともに生きる人への臨床心理士・カウンセラーによるアドボカシー．井上孝代（編）臨床心理士・カウンセラーによるアドボカシー　風間書房．

飯田敏晴・井上孝代・貫井祐子・高橋卓巳・今井公文・山田由紀・青木孝弘・岡　慎一 2015 HIV感染の治療過程で自殺企図を繰り返した在日外国人──チーム医療における多文化間カウンセラーの役割をめぐって．こころと文化，**14**(2), 147-158.

Imber, S. D., Young, C., & Froman, L. 1978 Public psychology: A extension of the community idea. *American Journal of community psychology*, **6**(1), 71-80.

岩壁　茂・奥村茉莉子・金沢吉展・野村朋子 2015 心理職の「実践的総合力」の習得に向けて──資格取得後の行動対人援助専門育成プログラムの開発．明治安田こころの健康財団50周年記念研究助成論文集，1-43.

野坂祐子 2019 トラウマインフォームドケア──"問題行動"を捉えなおす援助の視点　日本評論社．

President's New Freedom Commission on Mental Health 2003 *Achieving the promise: Transforming mental health care in America-Executive summary of final report (Rep. No. DMS-03-3831)*. Department of Health and Human Services.

Rudolf, E., Bent, R., Eisman, E., Nelson, P., Rehm, K., & Ritchie, P. 2005 A cube model for competency development: Implications for psychology educators and regulators. *Professional Psychology: Research and Practice*, **36**, 347-354.

下山晴彦 2015 心理的な援助職のスキルアップに何が必要か？　臨床心理学，**15**(6), 691-694.

田中志歩・落合優理彩・佐藤美月・関口有美・春田悠佳・伊藤慎悟・久田　満・飯田敏晴 2019 心の健康教育に対する評価指標の開発(1)──指標の作成プロセス．日本コミュニティ心理学会第22回大会．

World Health Organization（著），長崎大学大学院　精神神経科学教室（訳）2010 精神保健専門家のいない保健医療の場における精神・神経・物質使用障害のためのmhGAP介入ガイド．https://apps.who.int/iris/bitstream/handle/10665/44406/9789490456189_8_jpn.pdf;jsessionid=0 B5 F23F9 AE6 E95FFF074C382BF4 BB7 AC?sequenc（2020年4

謝辞：データ収集にご協力いただいた全ての関係者の方にお礼申し上げます．また，本章の内容の一部は，日本コミュニティ心理学会第22回大会にて発表している．大会当日，貴重な質問やコメントをお寄せくださった方々に感謝します．

付記：※１以下は，共同研究の成果の一部である．公刊に際し，第一筆者および共同研究者の全員に許諾を得ている．

心の健康教育ワークシート

場所：　　　　日付：　　年　月　日　　　参加人数：　名　テーマ：

経験的視点				評価的視点			
カテゴリー	自由記述	チェック +	チェック −	カテゴリー	自由記述	チェック +	チェック −
情緒的価値	考えることができて面白かった			視聴覚効果	図表のわかりやすさ		
	内容が面白かった				スライドのわかりやすさ		
	体験できて面白かった				映像の伝わりやすさ		
	楽しかった				資料のわかりやすさ		
	グループワークをネガティブに感じた				話し方の伝わりやすさ		
	心が軽くなった			研修構成	研修の構成の良さ		
	何も感じなかった				流れのわかりやすさ		
機能的価値	自分が研修を行ってわかったこと				時間配分のうまさ		
	研修のやり方が良くて勉強になった			情報の近接性	具体的な提示		
創造的価値	研修後の抱負				活用可能な情報の提示		
	考えるきっかけになった				当事者の声		
	グループワークによる広がり			情報の質	根拠の有無		
	視点の広がり				適度な質の情報		
	体験から感じたり，わかったりしたこと			レベル設定	説明のわかりやすさ		
思考・感覚的体験	知らなかったことを知った				主旨の伝わりやすさ		
	研修内容を理解できた				情報量の適切さ		
	研修内容の反復			アクティブラーニング	ロールプレイ		
	当事者の大変さを知った				グループワークの良さ		
	研修内容からの学び			受講者のニーズ	対象者への配慮		
	わかりやすかった				聞き手の関心をひく内容		
	考えさせられた				受講者が自ら考える時間の提供		
	雰囲気の良さ			意見交換	意見共有の機会		
能動的体験	研修内容の内面化				受講者のコメントに対するリアクション		
	研修後の昇華						
	講師への感謝			理解度		/5	
	研修内容への意見			満足度		/5	

10 モデリングを通じて高める心の健康教育力

飯田敏晴

　本章は，S大学院における「心の健康教育の理論と実践」の授業内容2回分をまとめたものである。これらの回では，受講者に実践例を提示している。そして，本章では**「心の健康教育ワークシート」**（9章）を活用した具体例を示している。なお，実践した個人や対象が特定されないように，一方で，実践の実際が伝わりやすくなるように，複数の実践の要点や受講者からのフィードバック等を組み合わせた架空事例を用いている。

　ところで，教育現場でのニーズや問題は何か。健康教育の事始めはニーズ調査の視点から始まる。対象となる組織や地域の風土はどのようなものか，どのような人がいるのか，と問う段階である。実際に出会う受益者たちが，その後の生活をどのように過ごすことになるかに意識を向ける必要がある。

　もうひとつ，重要な留意点がある。教育という対他的な行動において，自らに生じた感情から距離をおいて分析しながら臨む姿勢（自己観察）が求められるということである。心理療法やカウンセリングにおけるクライエントの「アセスメント」にたとえられる段階である。実践家は，山本（1986）のいう**「参加的理論構成者（participant conceptualizer）」**として，受益者に「関与しながらの観察」（Sullivan, 1953/1990, p.426）を行いながら，自身をも教育の道具として捉える必要がある。筆者の経験から，教育内容そのものよりも，受益者から一歩身を引く視点を持って臨むことこそが教育成果に強く影響を与えるといえる。

1 【実践例①】ストレス・マネジメント研修

1 依頼からニーズアセスメントへ

　ある日，Y団体からメールが届いた。「ストレス・マネジメントの講師をお願いしたい。職場でできるメンタルヘルス対策（特にうつ病）を知りたい。時間は90分」

　Y団体からは初めての依頼である。このような場合，教育する側は，対象者の背景や日常生活に関するアセスメントと組織的な意味でのアセスメントを心がけたい。そこで，まずは依頼者とのラポール形成を心がける。これによってニーズに沿った健康教育を立案することにもつながる。この依頼メールに対しては，筆者は「はじめまして。＊＊大学の＊＊でございます。ご依頼につき，微力ながら謹んでお引き受けいたします。後程お電話いたしますので，その際にでも詳しくお聞かせください」とシンプルに返信した。

　メールはあくまでビジネスツールのひとつに過ぎない。冗長な表現を控え，依頼者とは直接電話ないしは面会にて対話することにしたい。連絡時刻は，先方の業務の性格に合わせた配慮が必要である。その後，担当者との電話による打ち合わせが実現し，「複数の福祉施設を運営している。職員間や他施設との間で軋轢がある。年齢層は幅広い。男女半々」と聞かされた。

　受益者が，日々，施設利用者の生活ニーズや困難さに誠実に対応をしている様子が想像された。特に，この依頼においては「軋轢」という言葉がキーワードと考えられた。そこで，筆者は依頼者に対して，その詳細を知りたい旨を伝えた。その結果，「利用者家族と施設との間」，「他職種との意見の違い」，「他職種への伝達」，「職員と利用者との間での板挟み」といった重要な情報を入手することができた。

2 問題の把握と分析

　筆者は，依頼に至ったニーズをさらに詳しく把握すべく，各種情報を検索した。ある新聞記事での特集では，福祉施設職員における「うつの深刻さ」や「労災申請の多さ」といった記事が目立った。そして，Y団体の運営する各施設が立地する「地域」に関する情報収集をした。ある施設は神社の隣にあり，近隣住民や他施設との定期的な交流会があるようだった。別の施設は住宅地にあるが，その利用圏である地域との交流は盛んではない様子だった。このことから，受益者は，多様な地域・生活層の利用者や職員との日々の生活において，多彩な困難さを抱えていることが想像された。また，対人的コミュニケーションにおいて「情報伝達」や「関係調整」の困難さを改善したいというニーズがあるように考えられた。

3 立案

　以上の情報に基づいて，この依頼では，対集団ないし対個人との「関係調整」および「情報伝達」に関わるスキル，そしてその根幹にあるメンタルヘルスへの知識に関する啓発が求められていると判断した。この判断に基づき，研修の流れを，①受益者が勤務する職業がどのようなものであるのかをあらためて確認し合い，その領域における心の健康を脅かす問題点を共有すること，②問題点をストレス理論によって整理すること，③コーピング手段としてのアサーショントレーニングに関する基礎的な実技を行うこととした。また，受講者と筆者自身との相互作用に応じて，柔軟にその内容（筆者自身の実践経験での具体的な心情等を入れるなど）を変更することにした。

4 実施上の工夫と評価

　研修の場所は講堂である。当日は，やや緊張しつつまだ見ぬ受講者との出会いを楽しみにしていた。開始時刻よりも早めに着き，数名の受講者と挨拶をかわす機会に恵まれた。その結果，福祉施設の職員という属性が影響してか，穏やかな雰囲気の中で会話がはず

み，不安や緊張は徐々に和らいでいった。一方で，受講者同士は，お互いに知り合いという様子ではなかった。これらのことから，相手に伝わりやすいように，より具体的で平易な言葉を用いることが望ましいと考え，途中で**アイスブレイク**を入れ，3人組での小グループを作り，各受講者の日常での悩みごとや困りごとについての話題を共有することにした。そこで語られた話題を架空事例として即興でまとめてもらい，話し手役，聞き手役，観察者役に分かれて**ロールプレイ**を行った。ロールプレイの後，受講者間で感想を共有し解決策や問題の軽減方法について話し合い，再度ロールプレイをしてもらった。

研修終了後に，研修への「満足度」を「1. 非常に不満である」から「5. 非常に満足している」の5件法で尋ねた。さらに「理解度」を「1. 全くわからなかった」から「5. 非常によくわかった」の5件法で尋ねた。さらに，「満足度」と「理解度」の判定理由を自由記述で求めた。

5 研修に対する評価

研修の結果，満足度は5点満点中平均4.20点（標準偏差0.84），理解度は平均4.00（標準偏差0.83）点であった。また，受講者の自由記述は，その意味単位に基づいて切片化した。その切片を「**心の健康教育ワークシート**」に基づいて分類し，各カテゴリーの生起頻度をカウントしていった。例えば，ワークシートでは経験的視点の「知らなかったことを知った」というカテゴリーに当てはまるが，意味内容として反意表現がある場合にはマイナスとしてカウントした。

6 ワークシートから読み取る成果

対象者の対人ストレス軽減およびうつ病の予防のための，メンタルヘルスに関する知識とコミュニケーションに対する気づきやスキルに関する研修である。終了後に受講者から寄せられた自由記述文をワークシートに分類していったところ（表10-1），「講義内容からの学び」や「わかりやすかった」といった【思考・感覚的体験】が

表10-1　実践例①の「心の健康教育ワークシート」

心の健康教育ワークシート

場所：C会館	日付：　X年　Y月　Z日	参加人数：30名　テーマ：施設職員におけるストレス・マネジメント研修

経験的視点

カテゴリー	自由記述	+	−
情緒的価値	考えることができて面白かった		
	内容が面白かった		
	体験できて面白かった		
	楽しかった		
	グループワークをネガティブに感じた		
	心が軽くなった	10	
	何も感じなかった	−	4
機能的価値	自分が研修を行ってわかったこと	−	−
	研修のやり方が良くて勉強になった	−	−
創造的価値	研修後の抱負	4	
	考えるきっかけになった	6	
	グループワークによる広がり	5	
	視点の広がり	3	
	体験から感じたり，わかったりしたこと	2	
思考・感覚的体験	知らなかったことを知った		4
	研修内容を理解できた	5	
	研修内容の反復		
	当事者の大変さを知った		
	研修内容からの学び	6	
	わかりやすかった	8	
	考えさせられた		
	雰囲気の良さ	4	
能動的体験	研修内容の内面化	4	
	研修後の昇華		
	講師への感謝	3	
	研修内容への意見		

評価的視点

カテゴリー	自由記述	+	−
視聴覚効果	図表のわかりやすさ		
	スライドのわかりやすさ		
	映像の伝わりやすさ		
	資料のわかりやすさ		
	話し方の伝わりやすさ	8	
研修構成	研修の構成の良さ		
	流れのわかりやすさ	4	
	時間配分のうまさ		
情報の近接性	具体的な提示	5	
	活用可能な情報の提示	7	
	当事者の声	4	
情報の質	根拠の有無	7	
	適切な質の情報	9	
レベル設定	説明のわかりやすさ		
	主旨の伝わりやすさ		
	情報量の適切さ		
アクティブラーニング	ロールプレイ	5	
	グループワークの良さ	5	
受講者のニーズ	対象者への配慮	3	
	聞き手の関心をひく内容	5	
	受講者が自ら考える時間の提供		
意見交換	意見共有の機会	8	
	受講者のコメントに対するリアクション		

理解度	4.2／5
満足度	4.0／5

多く記載されていた。逆に，一部ではあるが，「すでに知っていた（反意語）」や「何も感じなかった」という声も聞かれた。

　また，研修の途中に職員同士での話し合いを取り入れ，普段の対人関係に関わる体験の共有やそこでの対処や工夫なども取り入れた。結果的には「研修後の抱負」や「視点の広がり」，「考えるきっかけ」となったといったグループワークによる【創造的価値】を得た体験が多く生起していた。こうした結果に至った背景は，ワークシート上，講師が「具体的な例示」や「活用可能な情報の提示」といった【情報の近接性】に関わる説明をして，メンタルヘルスに関する情報の提供といった【情報の質】の担保し，グループワークを行った「意見共有【意見交換】」によって生じたものと考えられた。

　その一方で，課題もあった。それは，メンタルヘルスに関する知識についてはすでに周知の事実が多く，その結果，否定的な評価も生じていたことである。この点については，今後留意すべきと考えられた。

2 【実践例②】性の多様性への気づきを促すための研修

　最初に，性の多様性に関する筆者の臨床的動機について説明したい。筆者はこれまで，性の多様性について考えたり関心を惹きつけられたりする機会に恵まれてきた。実務現場は医療機関である。すなわち身体科医療での心理支援に従事し，当事者の身体疾患に関わる語りの聞き手の役割を担ってきた。これまで出会ってきた方の多くに共通する特徴として，彼らの「悩み」や「苦しみ」，すなわち精神的苦痛の源泉には，社会的な差別・偏見・スティグマを背景として形成された彼らの（否定的な）社会的自己があるように思えた。具体的な表現に言い換えれば，多くの当事者が筆者に「私は生きる資格がない」と語るのである。なお，想定する受講対象は心理専門職である。

1 ニーズアセスメント

　日高（2014）によるMSM（Men who have Sex with Men）を対象としたインターネットでの調査結果によれば，その成長過程において，周囲からいじめを受けた経験者は全体の55.7%である。ホワイトリボン・キャンペーン（2014）の調査でも，「LGBTをネタにした冗談やからかい」を見聞きした者は回答者全体の84%にものぼった。2003（平成16）年，「**性同一性障害者の性別の取扱いの特例に関する法律**（特例法）」施行，2010（平成22）年，文部科学省による「児童生徒が抱える問題に対しての教育相談の徹底について」の通知，さらに2015（平成27）年には，上記の配慮を「**性同一性障害**に係る児童生徒だけではなく，いわゆる『**性的マイノリティ**』とされる児童生徒全般に共通するものである」と通知され，近年，性の多様性に関する議論は活発化している。

　いわゆる**LGBT＋**とは，性的指向や性自認を指すLesbian, Gay, Bisexual, Transgenderの頭文字をとった造語である。さらに「＋」とは，より多様な性が存在するとして加えられている。そして，全国6万9,989名を対象とした調査によれば，LGBT層に該当する人は7.6%であるという（電通ダイバーシティ・ラボ, 2015）。なお，2011年に国連の人権理事会が性的指向と性同一性に関する初の決議を採択し，性的指向や性同一性を理由とする暴力や差別への懸念を表明している（国連広報センター, 2011）。

2 問題把握と分析

　LGBT＋に関する社会的ニーズは，教育現場ではどの程度教育されてきたのであろうか。2017年度には，高等学校における公民の教科書に性的少数派に関わる記載が初めて登場した。初めて登場したということからもわかるように，多くの人にとって性の多様性を学ぶ機会は乏しい可能性がある。そこで，性同一性障害や性的マイノリティとされる人の心情に配慮していくための知識や気づき（awareness）に関する研修を立案することにした。

3 立案

　以上から，この研修では，LGBT＋に関する基本的知識の提供に加えて，Thiagarajan（1990）によるシュミレーションゲーム「バーンガ」を行うこととした。バーンガは，いくつかのグループに分かれて行うトランプを使ったゲームである。海外渡航前の社員研修などで広く使われてきたが，現在では異文化教育などにも応用されている。本ゲームの目的は，人々が異なる価値観・行動規範に直面したときにどのようにその相違を乗り越えるかという体験を通して，異文化理解の大切さを考えさせるものである（陳，2017）。

　以上から，この研修ではバーンガを実施し，さらに，LGBT＋に関する知識や当事者から寄せられた手記，そして彼らの活動（セルフヘルプグループ等）の実際について説明することにした。

4 実施上の工夫と評価

　はじめに，性の多様性に気づくことの意味とその大切さ，そして難しさについて，自身の実践経験に基づいて講義した。その後，簡単なウォーミングアップ（アイスブレイク）を経てグループ分けを行った。その上で，バーンガのルールについて説明し，実施した。バーンガ終了後は，受講者間で感想を共有し解決策や問題の軽減方法について話し合ってもらった。終了後，そこでの会話に基づいてLGBT＋やその歴史について，講師から説明した。

　終了後に，研修への「満足度」を「1．非常に不満である」から「5．非常に満足している」の5件法で尋ねた。さらに「理解度」を「1．全くわからなかった」から「5．非常によくわかった」の5件法で尋ねた。満足度と理解度は，いずれもグループワークと講義に分けて，別々に尋ねた。さらに「満足度」と「理解度」の判定理由を自由記述で求めた。

5 研修に対する評価

　研修の結果，グループワーク編では，満足度3.88（標準偏差0.68），理解度4.12（標準偏差0.68）という自己評価が得られた。グループワー

クで講師が意図した「多様性の気づき」の理解度が4.12だったことで，受講者のほとんどが肯定的な評価を下していたことがわかる。満足度3.88はまずまずの肯定的評価だといえよう。

この傾向は講義（LGBT＋の用語説明，歴史等）においても同様であった。すなわち，知識編の満足度が3.94（標準偏差0.42），理解度が4.18（標準偏差0.62）という結果であった。

6 ワークシートから読み取る成果

受講者から寄せられた全自由記述を一文で分けて，ワークシートに転記した（重複あり：表10-2）。結果，多くの受講者が思考・感覚的経験を経て，情緒的価値や創造的価値を自覚していたことがわかった。その背景を考えると，教育内容に「当事者の声」や「具体的な提示」があったことで【情報の近接性】が高まったと考えられる。さらにグループワークの良さについて述べる者が多かったことから，【アクティブラーニング】についての言及が数多く生じたと考えられる。

一方で課題も明らかとなった。それは，経験的視点としての【能動的体験】に関わる陳述が乏しかったことである。本来，グループワークといった手法に代表されるアクティブラーニングは，受講者が現在の在りようにより良く適応するために，主体的・対話的に学ぶことを重視している。本研修ではバーンガを取り入れ，その後に班内数名で振り返り作業を行ったが，上記の結果が得られた背景には次の3つの要因が関与した可能性がある。ひとつはバーンガという手法がもつ特徴，もうひとつは研修の構成，そして3つ目は研修前から有していた受講者の当該問題への態度や知識の程度である。

実際に，ゲームの意図がわからず「戸惑った」などというネガティブな意見も聞かれた。このため，ゲームを導入する際は，その意図を具体的に伝え，より深い理解に結びつくよう十分な振り返りを行うといった工夫が必要であろう。

表10-2　実践例②の「心の健康教育ワークシート」

心の健康教育ワークシート

場所：C会館　　日付：　X年 Y月 Z日　　参加人数：21名　テーマ：性の多様性への気づきを促すための研修

経験的視点

カテゴリー	自由記述	チェック +	チェック −
情緒的価値	考えることができて面白かった		
	内容が面白かった	1	
	体験できて面白かった	2	
	楽しかった	2	
	グループワークをネガティブに感じた		1
	心が軽くなった		1
	何も感じなかった		1
機能的価値	自分が研修を行ってわかったこと		
	研修のやり方が良くて勉強になった	1	1
創造的価値	研修後の抱負	1	
	考えるきっかけになった	1	
	グループワークによる広がり	1	
	視点の広がり	1	
	体験から感じたり，わかったりしたこと	5	
思考・感覚的体験	知らなかったことを知った	6	
	研修内容を理解できた	3	
	研修内容の反復		
	当事者の大変さを知った	4	
	研修内容からの学び	2	
	わかりやすかった	4	1
	考えさせられた	4	
	雰囲気の良さ		
能動的体験	研修内容の内面化	1	
	研修後の昇華		
	講師への感謝		
	研修内容への意見	1	

評価的視点

カテゴリー	自由記述	チェック +	チェック −
視聴覚効果	図表のわかりやすさ		
	スライドのわかりやすさ		2
	映像の伝わりやすさ		
	資料のわかりやすさ		
	話し方の伝わりやすさ		
研修構成	研修の構成の良さ	2	3
	流れのわかりやすさ	3	
	時間配分のうまさ		
情報の近接性	具体的な提示	2	
	活用可能な情報の提示		
	当事者の声	6	
情報の質	根拠の有無	2	
	適度な質の情報	3	
レベル設定	説明のわかりやすさ		4
	主旨の伝わりやすさ		4
	情報量の適切さ	1	1
アクティブラーニング	ロールプレイ		
	グループワークの良さ	5	
受講者のニーズ	対象者への配慮		
	聞き手の関心をひく内容	1	
	受講者が自ら考える時間の提供		
意見交換	意見共有の機会		2
	受講者のコメントに対するリアクション		

理解度（上：グループワーク　下：講義）	4.12 / 5 4.18 / 5
満足度（上：グループワーク　下：講義）	3.88 / 5 3.94 / 5

■引用文献

陳 瑞英 2017 異文化理解教育における日中大学生合同授業の試み——シュミレーション
　ゲームの導入を中心に. 立命館高等教育研究, 16, 183-196.

電通ダイバーシティ・ラボ 2015 LGBT調査. http://www.dentsu.co.jp/news/release/
　pdf-cms/2015041-0423.pdf (2019年5月2日閲覧)

いのちのリスペクト。ホワイトリボン・キャンペーン 2014 LGBTの学校生活に関する
　実態調査 (2013) 結果報告書. https://ameblo.jp/respectwhiteribbon (2020年12月
　30日閲覧)

日高庸晴 2014 個別施策層のインターネットによるモニタリング調査と教育・検査・臨床
　現場における予防・支援に関する研究——平成26年度総括・分担研究報告書. 厚生労働
　科学研究費補助金エイズ対策政策研究事業.

国連広報センター 2011 A/HRC/RES/17/19 https://www.unic.or.jp/files/a_hrc_
　res_17_19.pdf

Sullivan, H. S. 1953 *The interpersonal theory of psychiatry*. The William Alanson White
　Psychiatric Foundation: W. W. Norton & Company Inc. [中井久夫・宮崎隆吉・高木敬
　三・鑪 幹八郎(訳) 1990 精神医学は対人関係論である みすず書房.]

Thiagarajan, S. 1990 *BARNGA: A simulation game on cultural clashes*. Intercultural
　Press.

山本和郎 1986 コミュニティ心理学——地域臨床の理論と実践 東京大学出版会.

11 実習1：精神障害者の雇用問題

落合優理彩

　本章では，精神障害者の仕事への応募から書類審査，採用面接といった採用過程における，採用担当者と精神障害を持つ就職希望者との相互作用や，採用後に同じ職場で働く上司や同僚と精神障害者枠の社員との相互作用を円滑にするために必要な知識のさらなる習得を図るために取り組んだ教育プログラムについて紹介する。具体的には，本授業を受講する大学院生に，精神障害を持つ就職希望者の採用担当者やその上司，あるいは同僚となりうる社員を演じてもらい，彼らがその立場から精神障害者に対する関わり方や配慮を考える一助となるような内容とした。そしてその教育プログラムの評価を，9章掲載の「心の健康教育ワークシート」を用いて評価した成果（落合ら，2019）を紹介する[※1]。

1 ニーズアセスメント

　内閣府の平成30年版の障害者白書によると，身体障害，知的障害，精神障害の3区分について，各区分における障害者数の概数は，身体障害者（身体障害児を含む）436万人，知的障害者（知的障害児を含む）108万2千人，精神障害者392万4千人となっていた。このなかには複数の障害を併せ持つ者もいるため，単純な合計にはならないものの，国民のおよそ7.4％が何らかの障害を有していることになる（内閣府，2018）。

　そうした障害者の雇用について，日本では障害者雇用促進法が制定されており，障害者雇用率制度が設けられている。これにより，

障害者がごく普通に地域で暮らし，地域の一員として共に生活できる「共生社会」実現の理念の下，すべての事業主が法定雇用率以上の割合で障害者を雇用することが義務化されている。またこの法定雇用率は，2021年3月より上昇し，対象となる事業主の範囲も広がることが決定されている（厚生労働省，2020）。さらに2018年より，障害者雇用義務の対象として新たに精神障害者も加わった（厚生労働省，2018）。

　一方で，これらの制度に関する認知度はあまり高いとはいえない。例えば2017年の調査では，2018年4月より民間企業の障害者の法定雇用率が2.0％から2.2％に引き上げられることを知っていたのは，回答した企業のうち60％に留まった（エン・ジャパン，2017）。また同調査では，2018年4月から法定雇用の算出に，身体障害者，知的障害者に加えて精神障害者が追加されることを知っていたのは，回答した企業のうち52％であった。これらの調査からは，企業の障害者雇用に対する理解が追いついていない現状が推測された。さらに，同調査に回答した企業からは，障害者を雇用しない理由として，「受け入れる施設が未整備だから」，「雇用義務のある企業ではないため」といった理由に加えて，「障害者雇用に対する知識が不足しているため」，「社内の理解や支援が得られないため」といった，障害者を採用することに対する抵抗感や同じ職場で共に働くことについての理解の少なさが考えられた。

　法定雇用率の引き上げという近年の流れからは，今後雇用される障害者がこれまで以上に増えていくことが想定される。現在の雇用者側の理解度が不足した対応では，実際に障害者が働き始めた際に，採用担当者や上司，同僚と障害者との間で，困難が生じることは想像に難くない。特に，精神障害者の雇用は新たに導入されるものであり，精神障害を持つことに起因する特有の困難さなどについては，理解も受け入れ体制も不十分であることが予想される。

　以上のことから，採用担当者や職場の上司，同僚となりうる人に精神障害に関する正しい知識を身につけてもらうことは，精神障害者が就職する際の支援の第一歩となると考え，この教育プログラム

を実施するに至った。

2 教育プログラムの立案・作成

　教育プログラムを作成するにあたり，どのようなプログラムであれば受講者にとってわかりやすく有益な心の健康教育となるのかを考えた。今回は，①研修の構成，②知識の伝え方の2点を念頭に置いて研修を行った。

　まず研修の構成として，①障害者雇用を身近なこととして認識し興味を持ってもらう，②障害者雇用促進法，精神障害者の定義や特徴，困難なことといった基本的な情報を理解してもらう，③精神障害者雇用の成功事例をあげ，雇用後の具体的なイメージをつけてもらう，という流れとした。また研修中に，適宜グループワークを入れて話し合ってもらう構成とした。

　研修をこのような構成としたのは，どのような流れで障害者の雇用に関する情報を伝えれば受講者にとって理解しやすくなるのか，また理解を促進できるのかを考えた結果である。会社の採用担当者にとっても障害者を雇用する場面はまだ少なく，慣れているといえるほどの企業は少ない。特に，精神障害者の雇用に関しては，手探りで対応している場合が多い。また会社で働く社員からすれば，障害者雇用枠で入ってきた新入社員とともに働くイメージを持ちづらい可能性がある。そのため，受講者に対して初めから精神障害者の定義や特徴などを説明しても，興味や関心を抱いてもらうことは難しいと考えられた。そこでまずは障害者の雇用が身近なことであると感じてもらえるよう，障害者雇用に関して話題になったニュースや雇用義務がさらに多くの企業に課されることになった法改正について説明を行った。さらに，「なぜ企業は障害者雇用に対して消極的なのか」を話し合ってもらった上で障害者雇用をしていない企業の声を示したり，「精神障害者と働くこと」について話し合ってもらった後で精神障害者の特徴を示したりと，先にグループワークを行って当事者として考えてもらうことで，より関心を持ってその後

の研修を聞くことができるよう工夫した。

　今回の研修では，最後に精神障害者の雇用をすでに行っている企業の事例を示した。当事者や企業の声を具体的に示すことで，受講者が自身の会社で障害者雇用を行った際のポジティブなイメージが湧くよう意図したからである。

　次に気をつけたことは，受講者への知識の伝え方である。今回の研修の対象者は企業の採用担当者や同じ職場で働く予定の社員であった。受講者は，日ごろ職場で障害者と接する機会が多い職種ではなく，障害者に対する知識を十分に持っていない人のほうが多いと考えられる。そういった心理学を専門としない対象を相手にした研修であることからは，心理学の専門用語をそのまま用いることは適切ではないと思われた。そこで，研修では専門用語の使用はなるべく避け，わかりやすい言葉に置き換えることに気をつけた。また限られた時間であるため，障害の特徴などについては多くのことを伝えるのではなく，理解しやすいよう大切な情報だけを簡潔に説明するよう心掛けた。

3 実施

　大学院の授業内で受講者に対し実施した。心の健康教育実施前，受講者には精神障害者の採用を考えている採用担当者や同じ職場で働く予定の社員であることを想定して研修に参加するよう依頼した。

　最初に，障害者雇用の現状を理解してもらうため，障害者雇用の水増し問題といった身近なニュースを切り口として，障害者雇用制度の説明を行った。次に，実際に雇用を行っている企業の声を取り上げ，どのような理由で雇用しているのかについて説明した。そして，法定雇用率を達成するためというような消極的な理由から雇用するケースが多いことを紹介した後，「なぜそのように消極的な理由が多いのか」を小グループで話し合ってもらい，研修内で意見を共有した。次に，障害者雇用をしていない企業の声を取り上げ，そ

の理由が障害に対する理解不足から来ていることが多いことを説明した。その後，今回の研修の本題である精神障害者の雇用義務が開始されることについてあらためて説明し，依然としてその事実に対する企業の認知度が低いことを伝えた。

　その上で，2回目のグループワークとして，「精神障害者と共に働くことについてどう感じるか」を話してもらい，意見の共有を行った。その後，精神障害のひとつである統合失調症を例として取り上げ，症状，患者数，特徴，関わる上で大切なことなどについて紹介した。そして実際の企業を例に挙げ，精神障害者の雇用の際にどのような点に配慮しているのかを紹介し，当事者の声や企業の声を示すことで，雇用や共に働くイメージがつきやすいよう工夫した。

　最後にまとめとして，「精神障害者は症状が出ていない限りにおいては，ほとんど健常者と変わらない仕事をする」こと，「障害者雇用に際して配慮の視点を持つことは，他の社員がすごしやすい環境作りにもつながる」ことを伝え，研修は終了した。また，企業の事例や支援策といった資料のURLを示すことで，受講者が自主的に情報に追加でアクセスできるよう工夫した。

　研修終了後に，研修への「満足度」を「1．非常に不満である」から「5．非常に満足している」の5件法で尋ねた。さらに「理解度」を「1．全くわからなかった」から「5．非常によくわかった」の5件法で尋ねた。そして，「満足度」と「理解度」の判定理由を自由記述で求めた。

4 研修に対する評価

　研修の結果，グループワーク編では満足度が5点満点中平均3.85点（標準偏差0.77），理解度が平均4.08点（標準偏差0.62）という評価が得られた。知識編では満足度が5点満点中平均4.0点（標準偏差0.78），理解度が4.0点（標準偏差0.55）であった。全体の平均としては，満足度は5点満点中平均3.92点（標準偏差0.78），理解度は平均4.04

点（標準偏差0.59）であった。

　また，受講者が記載した自由記述は，その意味単位に基づいて切片化した。その切片を「心の健康教育ワークシート」に基づいて分類し，各カテゴリーの生起頻度を数えた。なおワークシートにおいて，例えば評価的視点の「スライドのわかりやすさ」というカテゴリーがあるが，プラスの場合はそのままの意味内容を表し，マイナスの場合は反対の意味内容（『スライドのわかりにくさ』）を表すとして数えた。

5 ワークシートから読み取る成果

　14名から寄せられた全自由記述を一文で区切り，上記ワークシートに転記した（重複あり：表11-1）。その結果，多くの受講者が研修を通じて【思考・感覚的体験】や【創造的価値】を感じていたことがわかった。【思考・感覚的体験】を得ることができたのは，「主旨の伝わりやすさ」，「情報量の適切さ」といった【レベル設定】や，「スライドのわかりやすさ」，「話し方の伝わりやすさ」といった【視聴覚効果】へのポジティブな評価が見られたことが関係していると考えられる。一方で，【情報の近接性】，【情報の質】，【能動的体験】などに関しては「−」評価もあり，依然課題が残ったといえる。以下，今回の研修から上記の評価が得られた理由について考察する。

　ワークシートで最も「＋」の意見が多かったのは「知らなかったことを知った」，「わかりやすかった」などの【思考・感覚的体験】であった。これは，「説明のわかりやすさ」，「主旨の伝わりやすさ」，「情報量の適切さ」といった【レベル設定】が適切であり，「具体的な提示」，「活用可能な情報の提示」といった【情報の近接性】や「適度な質の情報」といった【情報の質】が保たれていたからであろう。また，「スライドのわかりやすさ」，「話し方の伝わりやすさ」といった【視聴覚効果】が現れたためではないかと考えられる。発表スライドを見るだけで理解ができるよう，様々な企業の意見を提示する際，グラフとパーセンテージでどのくらいの数であるのかを

表11-1　研修「精神障害を持つ就職希望者や社員への関わり」に対する「心の健康教育ワークシート」

心の健康教育ワークシート

場所：S大学院	日付：　X年 Y月 Z日	参加人数：14名	テーマ：精神障害者の雇用問題

経験的視点				評価的視点			
カテゴリー	自由記述	+	−	カテゴリー	自由記述	+	−
情緒的価値	考えることができて面白かった			視聴覚効果	図表のわかりやすさ		1
	内容が面白かった	1			スライドのわかりやすさ	3	1
	体験できて面白かった				映像の伝わりやすさ		
	楽しかった				資料のわかりやすさ		1
	グループワークをネガティブに感じた		5		話し方の伝わりやすさ	3	2
	心が軽くなった			研修構成	研修の構成の良さ		1
	何も感じなかった				流れのわかりやすさ		
機能的価値	自分が研修を行ってわかったこと				時間配分のうまさ	2	
	研修のやり方が良くて勉強になった			情報の近接性	具体的な提示	7	8
創造的価値	研修後の抱負				活用可能な情報の提示		1
	考えるきっかけになった				当事者の声		1
	グループワークによる広がり	4		情報の質	根拠の有無		
	視点の広がり	5			適度な質の情報	2	3
	体験から感じたり，わかったりしたこと			レベル設定	説明のわかりやすさ	4	2
思考・感覚的体験	知らなかったことを知った	9			主旨の伝わりやすさ	2	
	研修内容を理解できた				情報量の適切さ	5	4
	研修内容の反復			アクティブラーニング	ロールプレイ		
	当事者の大変さを知った				グループワークの良さ	5	
	研修内容からの学び			受講者のニーズ	対象者への配慮		
	わかりやすかった	8			聞き手の関心をひく内容		
	考えさせられた				受講者が自ら考える時間の提供		1
	雰囲気の良さ			意見交換	意見共有の機会	3	
能動的体験	研修内容の内面化				受講者のコメントに対するリアクション		1
	研修後の昇華						
	講師への感謝						
	研修内容への意見	1	4				

理解度	4.04／5
満足度	3.92／5

明示し，かつ注目してほしい箇所に関しては目立つよう大きく印を
つけるといった工夫が有効であったといえる。

　また研修からは，「グループワークによる広がり」，「視点の広が
り」といった【創造的価値】の評価が得られたこともわかった。こ
れは，「グループワークをネガティブに感じた」という【情緒的価値】
の項目に「－」評価をする受講者が多いことからも考えられる。こ
の評価には，研修の途中にグループワークの時間を設け，障害者雇
用が進まない理由や精神障害者と働くイメージについて数人で話し
合い，その後全体へ共有してもらったことが反映されていると考え
られる。さらに，「グループワークの良さ」といった【アクティブ
ラーニング】や，「意見共有の機会」といった【意見交換】がしっ
かりと研修中に行われ，自分と異なる立場の人の意見を聴く機会が
設けられていたと受講者が実感できていたことも一因であろう。一
方で【意見交換】に関しては，「参加者へのコメントに対するリア
クション」において「－」評価もあった。これは，研修中に時間的
制約から，共有された意見に対して講師が十分にフィードバックを
行えなかったことが原因なのかもしれない。このことから，受講者
が自身の意見をどのように取り扱われるのかということに対して強
い関心を抱いていることがわかる。したがって，講師は受講者の意
見を丁寧に取り扱い，研修に組み込んでいくことで，より受講者も
関心を持って研修を受けられることが示唆された。

　一方で，【思考・感覚的体験】や【創造的価値】の評価は，あく
まで「知らなかったことを知った」というような表面的な理解であ
り，受講者が内容の意味を自身で深めて考えていくところまでは至
らなかった可能性も考えられた。これは，「受講者が自ら考える時
間の提供」という【受講者のニーズ】への「－」評価からもうかが
える。今回は時間が限られた中での研修であり，まず障害者雇用の
存在や障害者の特徴について知り，関心を持ってもらうための第一
歩という意味合いとしては十分であったともいえる。しかし今後
は，受講者が研修中に得た知識だけで終わるのではなく，研修後に
も考え続けられるような，受講後に関心が続くきっかけを作る工夫

もできればなおよいと考えられる。

　一方で,【視聴覚効果】や【レベル設定】,【情報の近接性】,【情報の質】, さらに, 別の障害における雇用問題が知りたいといった「研修内容への意見」などを含む【能動的体験】に関しては「-」評価もあり, その理由として, 受講者ごとに研修テーマに対して事前に持つ知識量や理解度が異なっていたためであると考えられる。このことから, 受講者によっては今回の研修内容は既知の知識ばかりであり, 物足りなく感じたことにより受講満足度が低くなり, 否定的な評価が生じたと考えられる。そのため, 事前にアンケートなどを実施し, 研修テーマに対する受講者の知識量や理解度を測ったり, 受講者の興味や関心のあることを書いてもらったりと, 研修に対する受講者のニーズアセスメントを行い, 受講者のニーズに合わせた研修を設計することが必要であると考えられる。

　またワークシートからは, 研修を経て受講者の「研修のやり方が良くて勉強になった」といった【機能的価値】や「研修内容の内面化」,「研修後の昇華」などの【能動的体験】の獲得が少なかったことも可視化された。このことから, これらのカテゴリーは, 今回のテーマである精神障害者の雇用という健康教育の評価において, 評価基準とならなかったのではないかと考えられた。

■引用文献

エン・ジャパン 2017 第128回 障がい者雇用について（アンケート集計結果レポート）. https://partners.en-japan.com/enquetereport/old/128/（2019年12月3日閲覧）
厚生労働省 2018 障害者雇用義務の対象に精神障害者が加わりました. https://www.mhlw.go.jp/stf/seisakunitsuite/bunya/0000192051.html（2019年12月3日閲覧）
厚生労働省 2020 リーフレット（令和3年3月1日から障害者の法定雇用率が引き上げになります）. https://www.mhlw.go.jp/content/000694645.pdf（2021年2月2日閲覧）
内閣府 2018 参考資料 障害者の状況（平成30年版 障害者白書［全体版］）. https://www8.cao.go.jp/shougai/whitepaper/h30hakusho/zenbun/siryo_02.html（2019年12月3日閲覧）
落合優理彩・関口有美・田中志歩・佐藤美月・春田悠佳・伊藤慎悟・久田 満・飯田敏晴 2019 心の健康教育に対する評価指標の開発(2)――活用の一事例. 日本コミュニティ心理学会第22回大会.

謝辞：本章の執筆にあたって，今川真由子さん，石浦舞さんと筆者の3名で製作した模擬研修の資料を参考にいたしました。落合ら（2019）および本章での公表の趣旨にご理解いただき，快く研修資料を提供して下さったお二人に，この場を借りて心より感謝申し上げます。

付記：※1 以下，本章記載内容は落合ら（2019）の共同研究の成果である。公刊に際し，共同研究者の全員に許諾を得ている。

12 実習２：学習障害の理解と教員の関わり

佐藤美月・関口有美

　本章では，教育場面における教員と児童の相互作用の改善を図る
べく組んだ教育プログラムについて紹介する。具体的には，本授業
を受講する大学院生に小学校の通常学級の教員を演じてもらい，彼
らがその立場から学習障害（Learning Disabilities：以下，LD）を理
解しLD児に対する支援を考える一助となるような研修を実施し
た。そして，その教育プログラムの評価を，9章掲載の「心の健康
教育ワークシート」を用いて評価した。

1 ニーズアセスメント

　文部科学省が2012年に実施した調査によると，通常学級に在籍
し発達障害の可能性のある特別な教育的支援を必要とする児童生徒
の割合は6.5％であった（文部科学省，2012）。そのうちの58.2％は通
級による指導や授業中の個別の配慮など何らかの支援を受けていた
が，38.6％はなんら支援を受けていない実態が明らかにされている
（大塚，2015）。こうした児童らが支援を受けていない理由のひとつ
として，教員の発達障害に関する知識が不足しているために児童の
困難に気づくことができなかったり，気づいてもどのように対応し
てよいかわからないということがあると推察される。例えば，発達
障害のひとつに，「知的発達に遅れがなく，環境的要因が原因でな
いにもかかわらず，読み，書き，算数などの特定の学習面において
著しい困難を示す」LDがある。LDでは，全般的に知的な遅れは
ないが，特定分野だけができないために，「頑張りが足りないだけ」

「もっと勉強すればできるはず」と周囲から思われてしまうことがある。教員が全般的な学習に困難は見られないが音読を顕著に苦手としている児童に対して「学習不足」だと叱ると，児童の学習意欲は低下してしまうと考えられるし，支援が必要な児童への対応が遅れてしまうということも考えられる。しかし，LDやLD児に対する知識や理解を得ることで，こうした対応の遅れやふさわしくない対応を防げると考えられる。したがって，教員にLDの正しい知識を身につけてもらうことがLDを持つ児童を支援する第一歩となると考え，この教育プログラムを作成・実施するに至った。

２ 教育プログラムの立案・作成

　教育プログラムを作成するにあたり，どのようなプログラムにすれば受講者にとってわかりやすく有益な心の健康教育を行うことができるかを考えた。その結果，①研修の構成，②知識の伝え方の２点を意識した。

　まず，研修の構成としては，①LDの疑似体験ワークを行うこと，②LDの定義や特徴，困難などの基本的な情報を伝えること，③LDを抱える児童の架空事例をグループで検討すること，とした。さらに，④再度，受講者にLDの疑似体験をしてもらい，その体験を基にLDの二次障害の説明を行うこととした。つまり，ワーク（疑似体験）→知識の伝達→グループワーク（事例の検討）→ワークと知識の伝達という構成で講義を行うこととした。

　研修をこのような構成にしたのは，どのような流れでLDに関する情報を伝えればそれらが受講者の中に入っていきやすいか，理解を促進できるかを考えた結果である。はじめからLDの定義などを説明しても受講者は興味や関心を持ちづらいのではないかと考え，LDの疑似体験を通してLDを持つ人がどのような世界を体験しているのかを受講者自身にも体験してもらうこととした。そうすることで，受講者が「LDの人はこういうふうに世界を体験しているんだ」とLDをより身近なものとして捉え，かつLDに対する興味を

持った状態で研修に入っていけるのではないかと考えたのである。さらに，LDにどのような特徴や困難があるかを伝えた後，そういった特徴を持つ児童がいたらどう関わるかを考えるグループワークを行うなど，受講者が研修から得た知識を用いてLDについて考えられるよう研修の順序も工夫した。

　また，今回の研修では最後にLDによる心理的問題（二次障害）という話題も盛り込んだ。LDというと学習のつまずきに目が向きがちだが，それによって生じる自尊心の傷つきといった心理的な問題も無視できないからである（下山，2016）。この研修は教員という教育の専門家を対象としたものであったが，「心の健康教育」でもあるため，心理学の視点から見たLDについての知識を伝えることで，教育場面における教員と児童の相互作用の改善に寄与できるのではないかと考えた。

　効果的な心の健康教育を行うために気をつけたこととしては，受講者への知識の伝え方が挙げられる。まず，今回の研修の対象者は小学校の通常学級の教員であった。ここでひとつ注目したのが，講師（心理学の専門家）と受講者（教育の専門家）の専門領域の違いである。心理学を専門としない対象者を相手にした研修で，心理学の専門用語をそのまま用いることは適切ではないと思われた。そこで，研修では心理学の専門用語を用いて説明することはなるべく避け，わかりやすい言葉に置き換えることに気をつけた。

3 実施

　大学院の授業内で受講者に対し実施した。実施する前に，受講者には小学校の教員を想定して研修を実施することを伝えた。

　最初に，LDを持つ子がどのような困難を抱えているのかを理解してもらうために，読字の疑似体験を受講者の一人に行ってもらい感想を聞いた。二重になっている文字で書かれた文章の音読，類似の文字で構成された文章題を解くという体験である。次に，LDの症状や定義といった基本的な知識について講義した。講義に用いる

資料を作成する際,『よくわかる発達障害［第2版］』(小野・上野・藤田, 2010),『インクルーシブ教育時代の教員をめざすための特別支援教育入門』(大塚, 2015),『よくわかる臨床心理学［改訂新版］』(下山, 2016) を参考にした。クラスに何らかの困難を抱えた児童がいたらどのような対応をするのかを考えてもらうために参考書『新訂 Q&Aと事例で読む 親と教師のためのLD相談室』(山口, 2011) に掲載されていた3例を用いて受講者同士でディスカッションをしてもらった。この3例は聞くことや話すことに困難のある児童, 書字の困難がある児童, 計算することを困難としている児童の例を提示し, そのあとで各グループで考えた支援策を発表してもらい, 前掲書 (山口, 2011) に掲載されていた支援例を提示した。そして, 似た形をしたひらがなを組みあわせた単語の羅列を受講者に提示し,「次の文章を声に出してスラスラと読んでください」と指示し音読してもらった。これを困難だと感じている児童の心境を伝え, 二次障害について解説した。

研修終了後に, 研修への「満足度」を「1. 非常に不満である」から「5. 非常に満足している」の5件法で尋ねた。さらに「理解度」を「1. 全くわからなかった」から「5. 非常によくわかった」の5件法で尋ねた。そして,「満足度」と「理解度」の判定理由を自由記述で求めた。

4 研修に対する評価

研修の結果, グループワーク編では満足度が5点満点中平均4.29点 (標準偏差0.59), 理解度が平均4.36点 (標準偏差0.48) という評価が得られた。知識編では満足度が5点満点中平均4.21点 (標準偏差0.56), 理解度が4.14点 (標準偏差0.74) であった。また, 受講者が記載した自由記述は, その意味単位に基づいて切片化した。その切片を「心の健康教育ワークシート」を用いて分類し, 各カテゴリーの生起頻度をカウントしていった。なおワークシートにおいて, 例えば評価的視点の「スライドのわかりやすさ」というカテゴリーがあ

るが，プラスの場合はそのままの意味内容を表し，マイナスの場合は反対の意味内容（「スライドのわかりにくさ」）を表すとして数えた。

表12-1　研修「学習障害の理解と教員の関わり」に対する「心の健康教育ワークシート」

心の健康教育ワークシート

| 場所： | 日付：　X年　月　日 | | 参加人数：14名　テーマ：学習障害の理解と教員の関わり | | | |

経験的視点				評価的視点			
カテゴリー	自由記述	チェック +	チェック −	カテゴリー	自由記述	チェック +	チェック −
情緒的価値	考えることができて面白かった			視聴覚効果	図表のわかりやすさ	1	
	内容が面白かった				スライドのわかりやすさ	1	1
	体験できて面白かった	2			映像の伝わりやすさ		
	楽しかった				資料のわかりやすさ	1	
	グループワークをネガティブに感じた				話し方の伝わりやすさ		
	心が軽くなった			研修構成	研修の構成の良さ	1	1
	何も感じなかった				流れのわかりやすさ	1	
機能的価値	自分が研修を行ってわかったこと				時間配分のうまさ		
	研修のやり方が良くて勉強になった			情報の近接性	具体的な提示	5	
創造的価値	研修後の抱負				活用可能な情報の提示	2	1
	考えるきっかけになった	3			当事者の声		2
	グループワークによる広がり	2		情報の質	根拠の有無		
	視点の広がり	3			適度な質の情報	2	
	体験から感じたり，わかったりしたこと	6		レベル設定	説明のわかりやすさ	7	2
思考・感覚的体験	知らなかったことを知った	3	1		主旨の伝わりやすさ	3	
	研修内容を理解できた	1			情報量の適切さ	2	3
	研修内容の反復			アクティブラーニング	ロールプレイ	2	
	当事者の大変さを知った	3			グループワークの良さ	3	
	研修内容からの学び	1		受講者のニーズ	対象者への配慮	1	5
	わかりやすかった	7	2		聞き手の関心をひく内容	1	
	考えさせられた	2			受講者が自ら考える時間の提供	2	
	雰囲気の良さ			意見交換	意見共有の機会	4	
能動的体験	研修内容の内面化				受講者のコメントに対するリアクション	1	1
	研修後の昇華	1					
	講師への感謝						
	研修内容への意見		4				

理解度	4.1 / 5
満足度	4.2 / 5

5 ワークシートから読み取る成果

　14名から寄せられた全自由記述を一文で区切り，上記ワークシートに転記した（重複あり；表12-1）。その結果，多くの受講者が研修から【思考・感覚的体験】や【創造的価値】を感じていたことがわかった。「具体的な提示」，「活用可能な情報の提示」といった【情報の近接性】や「説明のわかりやすさ」，「主旨の伝わりやすさ」といった【レベル設定】へのポジティブな評価が見られたことが背景にあるものと考えられる。また，「体験から感じたりわかったりしたこと」に関する意見が多く得られたのは，受講者にLD児が体験していることを実際に体験してもらったためであると考えられる。これは，「ロールプレイ」，「グループワークの良さ」といった【アクティブラーニング】に対するコメントが多く見られたことからもいえるだろう。一方で課題もある。「情報量の適切さ」や「対象者への配慮」には「−」が多くチェックされており，この点については今後改善の余地があると判断できる。以下，今回の研修から上記の評価が得られた理由について考察を行っていく。

　まず，ワークシートの経験的視点と評価的視点の2つのうち，評価的視点についての考察を行う。振り返りワークシートの評価的視点で最も「＋」の意見が多かったのが「説明のわかりやすさ」，「主旨の伝わりやすさ」などの【レベル設定】カテゴリーであった。この評価が得られた理由としては，本教育プログラムの「説明のわかりやすさ」のレベル設定が適切であったことが示唆される。先に述べたように，研修では講師と受講者の専門性の違いなどを考慮して心理学の専門用語は極力用いず，受講者が理解しやすいような言葉で説明するよう心がけた。こうした事前の準備が「説明のわかりやすさ」として評価され，さらにワークシート内の経験的視点の「わかりやすかった」という感想につながったと考えられる。

　しかし一方で，【レベル設定】の中の「情報量の適切さ」においてはネガティブな意見も見られた。これは，受講者に対し効果的に

LDについての知識を伝えるため，伝えるテーマや情報量を絞ったことが一因であると考えられる。「情報量の適切さ」などの研修の【レベル設定】は，事前のニーズアセスメントにおいてどのレベルで研修を行ったらよいかをある程度把握することができる部分もある。したがって，事前の受講者へのニーズアセスメントを活用することで，こうした研修のレベル設定についてはある程度予測ができる可能性がある。また，研修後の質疑応答などをうまく活用できれば，受講者が感じている「情報量の足りなさ」をその研修の中で補うことも可能だろう。

　ワークシートの評価的視点で次に多くのコメントが見られたのが，「具体的な提示」，「活用可能な情報の提示」などを含む【情報の近接性】カテゴリーであった。受講者からの意見によると，LDの疑似体験などの「具体的な体験」ができたことや「具体的な事例」について検討できたことが良かったという声が見られた。今回の研修は当事者（LDを抱える児童）の周りにいる人々（教員）を対象とした心の健康教育であった。そのような「当事者の周囲にいる人」に対する心の健康教育においては，当事者についての知識を具体的に伝え，具体的なイメージを持ってもらうことが重要であると考えられる。今回の研修ではLDの疑似体験を行ったことが，普段LDの世界を体験することのない多くの受講者にとってはLDをより具体的かつ身近なものとして捉えるきっかけになった可能性がある。そして，それが「当事者の大変さを知った」，「考えさせられた」というワークシートにおける経験的視点の感想につながったといえるだろう。

　また，「ロールプレイ」，「グループワークの良さ」を含む【アクティブラーニング】，「意見共有の機会」などを含む【意見交換】に関する言及も多く見られた。LDの疑似体験やグループにおけるLDの架空事例検討など，【アクティブラーニング】や【意見交換】の機会を多く盛り込んだことによってこうした意見が得られたと考えられる。研修の立案の段階では受講者にLDをより身近に感じてもらうため，そして受講者を飽きさせないという目的でLDの疑似

体験や事例検討などを盛り込んでいた。しかし，受講者の反応を見ると，こうした【アクティブラーニング】や【意見交換】によって，「グループワークによる広がり」や「視点の広がり」，「体験から感じたり，わかったりしたこと」といった【創造的価値】が受講者にもたらされたと考えられる。特に，【意見交換】については「他の受講者の意見を聞くことができてよかった」という意見が見られた。これは講師から伝えられる情報や意見だけでなく，他の受講者の意見を聞くことが受講者にとって有意義になるということを示していると考えられる。講師側は受講者に何らかのメッセージを伝えようと努力しているが，講師のメッセージとは異なった意見や，他の受講者の意見も聞くことで，受講者の考えがより一層深まる可能性が考えられる。また，【アクティブラーニング】では実際にLD児の体験をすることで「体験を通じて，当事者の児童はとてもやりづらいなかで頑張って学習していることがわかった」，LD児の支援を受講者同士で考え意見を共有することで「具体的な方略を考えることができた」「どのような対応をしたら良いのかを具体的に教えてもらえて，自分のとるべき対応が見えてきた」などの意見が寄せられ，アクティブラーニングの特性が生かされたと考えられる。

　こうしたポジティブな評価を得られる部分もあった一方で，ネガティブな評価が多いカテゴリーも見られた。特に多かったのが「対象者への配慮」であり，これはほとんどが研修でのレジュメ配布がなかったことに対する意見であった。なかには「受講者の中にもLDの方がいるかもしれないから」とのコメントもあり，このコメントは講師として深く考えさせられるものであった。LDについての研修を行っている講師側が，「受講者の中にもそうした特徴を持つ人がいるかもしれない」という配慮を欠いていたためである。講師は，自らが受講者に対しどのような講義を行っているのかについて自覚的でなければならない。受講者にLDのある人がいるかもしれないという「対象者への配慮」を持った上で講義を行う必要があったと考えられる。

　また，受講者からのコメントの中には「周囲の子の理解を促進す

12 実習2：学習障害の理解と教員の関わり

るという観点を対処方法の部分で取り入れるとさらに充実する」などの内容に対する意見（「研修内容の意見」）も見られた。通常学級において，教員がLD児を理解・支援することは大切であるが，周囲の児童の存在も忘れてはならない。今回の研修では，LD児と一緒に学校生活を過ごす児童を視野に入れた内容までは扱うことができなかったが，この講義がシリーズであれば，研修に対する受講者の意見やフィードバックを踏まえながら，以降の研修でそうしたテーマを扱っていくことも可能であると考えられる。このように受講者とのやりとりの中で展開されていく心の健康教育は，受講者にとってより有益なものとなっていくのではないだろうか。

■引用文献

文部科学省 2012 通常の学級に在籍する発達障害の可能性のある特別な教育的支援を必要とする児童生徒に関する調査結果について．http://www.mext.go.jp/a_menu/shotou/tokubetu/material/__icsFiles/afieldfile/2012/12/10/1328729_01.pdf（2019年5月28日閲覧）

小野次朗・上野一彦・藤田継道（編）2010 よくわかる発達障害［第2版］ミネルヴァ書房．

大塚 玲（編著）2015 インクルーシブ教育時代の教員をめざすための特別支援教育入門 萌文書林．

下山晴彦（編）2016 よくわかる臨床心理学［改訂新版］ミネルヴァ書房．

山口 薫（編著）2011 新訂 Q&Aと事例で読む 親と教員のためのLD相談室 中央法規．

謝辞：本章は，辰巳麻子さんと筆者2名による3名で，授業内における発表資料のひとつとして作成した模擬実践の資料を参考に筆者が文章化したものである。公刊の趣旨にご理解くださった辰巳さんに心より感謝申し上げます。

13 実習３：国際結婚家族への支援

田中志歩

　本章では，教育場面において，しばしば見落とされる傾向にある異文化的背景を持つ児童生徒とその家族への理解を促進することを目的とした研修のプログラム立案から実施，そして振り返りまでの過程について紹介する。本教育プログラムでは，本授業を受講する大学院生に小学校勤務のスクールカウンセラーを演じてもらい，彼らがその立場から国際結婚家族への関わり方について理解を深められるような内容とした。加えて，研修終了後には，9章掲載の「心の健康教育ワークシート」を用いて評価を行い，その結果をもとに教育プログラムについて考察した。

1 ニーズアセスメント

　法務省（2018）によると，2017（平成29）年末の在留外国人数は256万1,848人であり，前年末と比較して17万9,026人（7.5％）増加し過去最高となった。在留外国人数を国籍地域別で見ると，上から順番に中国，韓国，ベトナム，フィリピン，ブラジル，ネパール，インドネシアと，アジア圏が多数を占めている。このように，日本国内における在留外国人数は年々増加傾向にあり，2019年の改正出入国管理法によりその傾向は今後さらに加速すると予想されている。また，在留外国人数が増加することは，国際結婚の増加と日本の学校に在籍する外国人児童生徒数の増加を意味する。2016年度の人口動態統計特殊報告によると，夫婦の一方が外国人である婚姻件数は2013年以降，全体の婚姻件数の3.3％を占めている（厚生労

働省，2017）。加えて，文部科学省（2019）発表の日本の学校に在籍する外国人児童生徒数の推移によると，2018（平成30）年度時点における外国人児童生徒数は約9万3,133人で，過去最高となった。

　外国人児童生徒は言語や文化の違いにより様々な困難を経験しているといわれている。例えば，朝日新聞（2018）によると，外国人の多く住む地域の小学校において特別支援学級に在籍している外国人児童数が日本人の2倍以上であるという報告があるが，実際に何らかの障害を抱えているのか，それとも日本語の理解が難しいために生じている問題が背景にあるのかの判断は難しく，より詳細な実態調査などが急務とされている。また，外国人児童生徒はビザの状況により将来の職業選択や就職が左右されることもある。2018年時点において，両親が永住権を持たず，就労ビザで滞在している親を持つ児童生徒は，家族滞在ビザから就労ビザへと変更する必要がある。しかし，就労ビザの取得条件は職業によって異なり，かつ職業によっては日本国籍やそれに準ずる権利を持たない者の就労を認めていない。そのため，外国人の児童生徒においてはビザの状況も踏まえた進路指導が必要となるが，日本の教育現場でこの事実が共有されている可能性は極めて低いといえるだろう。

　これらはほんの一例に過ぎないが，外国人児童生徒は言語や文化の違いによる困難から，発達の問題を含めた心理的な問題を抱えやすいと考えることができる。一方で，スクールカウンセラーの資格要件といわれる公認心理師や臨床心理士の養成課程において，言語や文化の異なる児童生徒に対する支援方法についてはほとんど取り扱われることがない（鈴木，2011）。したがって，外国人児童生徒に対応する機会が増加傾向にある社会の流れにおいて，その背景や対応方法をほとんど知らないスクールカウンセラーに対して，国際結婚家族への関わり方についての知識を共有し，また当事者の視点を少しでも体感してもらうことは意義があると思われる。

2 教育プログラムの立案・作成

　教育プログラムの作成にあたり最も意識した点は3つある。①受講者であるスクールカウンセラーに在留外国人が抱える問題をあたかも自分の問題であるかのように捉えてもらうこと。②教育プログラムの目的を明確に提示すること。③受講者にとって適切となるように提供する知識の量を調整すること。

　まず，一点目の「受講者に当事者の目線に立って研修を受けてもらうこと」と二点目の「目的の明確化」のために工夫した点は，導入部分である。Byrne and Nelson（1965）は，態度や価値観に類似性がある相手に対して好ましさが高まると述べている。加えて，市川（2001）は，「学習の功利性」と「学習内容の重要性」の2つの次元から学習動機をまとめた学習動機の二要因モデルを提唱し，2つの次元を最も満たす学習動機の種類として実用志向，すなわち，自分の将来の仕事や生活に役立つことを学習の動機とすることを挙げている。そのため，本研修では導入部分において，最初に本研修を受けることが受講者の将来にどのように役に立つのかという目的を提示し，その後に海外で過ごすことの困難を身近に感じてもらうために，受講者自身が海外で過ごした際の困難について想起するように問いかけることにした。このように，これから学ぶことが実際何に役立つのかを示すことで，どのような点を意識して講義全体に参加すればいいのかの指針を教示できると考えた。また，受講者に日本に暮らす在留外国人の困難体験と受講者自身が海外で経験した困難体験とに類似性を見出すことで，外国人の問題を自分の問題として考えてもらえるのではないかと予測した。

　以上の導入に加えて，在留外国人へ対応することの困難を疑似体験する機会を提供するために，ロールプレイを採用することにした。ロールプレイの前には，受講者がロールプレイを実施するにあたって必要となる知識を提供した。しかし，単にこちらから知識を提供するだけでは受講者の頭に入らないと考え，国際結婚家族にど

のような困難や問題点があると思うかを3人程度のグループに分かれて考えてもらい，それぞれのグループで考えた意見を全体で共有してから，こちらがあらかじめ用意していた知識を提供することにした。このようなグループワークを採用したのは，グループ内で異なる意見を交換し合うことで，受講者自身が自分の意見について気づいたり考えたりできることを期待したためである。また，ロールプレイの後には，ロールプレイを通して各グループがスクールカウンセラーとして外国人児童に対してどのように対応したのか，問題をどのように見立てたのかについて全体で共有し，外国人児童が直面している困難についての知識を提供することにした。

　また，研修全体を通して，提供する知識量を調整することにも留意した。本研修で取り上げた国際結婚家族や外国人児童生徒の問題は一般的にあまり知られていない事柄であったため，提供すべき知識が多かった。しかし，受講者に提供する知識が多すぎると，受講者の混乱を招くことが予想された。そのため，可能な限り提供する情報を絞り，さらに，全体的な流れが一貫するように注意した。このように，最初に研修の目的を明確にして受講者に研修参加の指針を示し，受講者自身にまず考える機会を促した後に適度な量の知識を提供することにした。そしてこれを数回繰り返す教育プログラムとすることによって，受講者自身が能動的に研修に参加できると考えた。加えて，研修受講後に受講者が自発的に本テーマについて学びを深めていくことのきっかけになることを本研修の最終目標と定めた。

3 実施

　大学院の授業の一環として受講者に対して研修を行った。研修には，箇条書きや図表が中心となるように作成した16枚のスライドと，ロールプレイで使用するための児童役・カウンセラー役それぞれの設定について書かれた別々の資料を用いた。講師は3名おり，それぞれが分担して研修を行った。また，受講者には2〜3人用の

机をいくつか用意し，全員が発表者と対面となるように席を配置した。また，研修を実施するにあたり，あらかじめ受講者に対して小学校勤務のスクールカウンセラーを想定して研修に参加するよう教示した。

　研修では，まず，受講者に対して講師それぞれが自己紹介を簡単に行い，本日研修をするに至った経緯を説明した。次に，研修の流れについてスライドを用いて簡単に示し，最初に提供した知識に基づいてロールプレイに取り組む構成であることを伝えた。その後に，研修を通じて講師が伝えたい目的として，「国際結婚の現状の理解」「国際結婚家族が経験する困難の理解」「国際結婚家族へのスクールカウンセラーの対応力の向上」の３点について示し，個人ワークとして受講者自身の渡航時の困難体験について想起を促した。任意で，自分の体験を話してくれる者を募り，受講者全体でその体験について共有した。

　受講者自身の困難体験について想起した後に，2016年度の人口動態統計特殊報告を参照し，日本における国際結婚の現状と国際結婚の背景を示した（厚生労働省, 2017）。また，離婚状況についての2008年の人口動態統計および人口動態統計特殊報告を参照して計算した数値を示した（厚生労働省, 2009a; 2009b）。このように数量的なデータを通して国際結婚家族の現状について説明した後に，2〜3名のグループワークとして，国際結婚家族が抱える困難や問題点について数分間のディスカッションを設けた。ディスカッション後には，各班で考えた内容を受講者全体で共有した。このとき，それぞれの意見への評価を避けるためにあえてコメントはしなかった。グループワークを通して国際結婚家族の困難等について受講者が自分なりの考えを示した後に，国際結婚家族やその子どもの困難についての知識を提供し，それぞれがグループワークを通して得た考えについて補強や修正を行った。

　また，これらの知識を踏まえた上で，２つ目のグループワークとしてロールプレイを実施した。ロールプレイは，小学校３年生男子のクライエントとスクールカウンセラー，オブザーバーで構成し

た。ロールプレイのテーマは「クライエントである男児に学力の問題が見られるということを主訴に担任教諭からのリファーを受けた初回面接」とした。クライエントの役の設定とスクールカウンセラーの役の設定はそれぞれ別々の紙に記し，お互いの役がお互いの資料を開示しないことを規則として，数分間ロールプレイを実施した。ロールプレイ終了後は，グループ内で簡単にロールプレイについて振り返る時間を設け，その後，各班で挙がった意見について全体で共有した。全体での意見共有後には，時間の制限もあったため，各班に対する個別のコメントは行わず，スクールカウンセラーとして国際結婚家族や外国人児童生徒に対して支援する際の留意点について知識を提供した。最後に，本研修の目的とは外れるために扱いきれなかった国際結婚における問題点について簡単に伝え，受講者それぞれが今後さらに学びを深めていくことを期待した。

　研修終了後には，受講者に対してGoogle formを用いて，実施した研修への評価を求めた。まず，研修への「満足度」を「1. 非常に不満である」から「5. 非常に満足している」の5件法で尋ねた。さらに「理解度」を「1. 全くわからなかった」から「5. 非常によくわかった」の5件法で尋ねた。加えて，「満足度」と「理解度」の判定理由の記述をそれぞれ自由形式にて求めた。これらの評価を「事例検討」と「知識編」のそれぞれに対して実施した。

4 研修に対する評価

　研修の結果，事例検討では満足度が5点満点中平均4.07点（標準偏差0.83），理解度が平均4.21点（標準偏差0.42）であった。また，知識編では満足度が5点満点中平均4.07点（標準偏差0.62），理解度が3.93点（標準偏差0.62）であった。加えて，受講者が記載した自由記述に対して，「心の健康教育ワークシート」を用いて自己評価を実施した。自己評価の手続きとしては，得られたそれぞれの自由記述を各カテゴリーの下位指標となる"自由記述"に分類し，各下位指標に対して肯定的な意見であれば「＋」の欄に，否定的な意見であ

れば「－」の欄に生起頻度をカウントしていくというものであった。なお，ひとつの自由記述が複数の下位指標に該当した際には，全ての下位指標において生起頻度をカウントした。ワークシートを用いて自由記述を分類した結果を表13-1に示す。

5 ワークシートから読み取る成果

　表13-1に示したワークシートの結果から，受講者が研修を通してどのような経験をしたのか，あるいは研修のどのような点について評価したかについて示唆が得られた。はじめに全体を通じて考察する。

　まず，本研修から受講者が得た経験については，【思考・感覚的体験】に対する肯定的意見が他のカテゴリーと比較して群を抜いて多く，次いで【創造的価値】が多かった。一方で，【情緒的価値】については肯定的意見も否定的意見も少なかった。以上のことから，受講者は本研修を通じて主に思考や感覚を伴う体験や創造的価値を経験していたことが推察された。また，【アクティブラーニング】と【研修構成】に対する肯定的な意見が多く，反対に【視聴覚効果】【情報の近接性】【レベルの設定】については否定的な意見が多かった。これらの結果が得られた主な理由としては，本研修が在留外国人の困難と彼らに対応することへの困難の"体験"に焦点を絞っていたためであることが考えられた。

　次に，肯定的な意見を取り上げる。経験的視点において，最も受講者からの肯定的意見が多かった【思考・感覚的体験】について下位指標を詳細に見ていくと「知らなかったことを知った」に該当する意見が最も多く，次いで「研修内容を理解できた」，「当事者の大変さを知った」と続いている。また，【創造的価値】についても同様に下位指標を分析すると「体験から感じたり，わかったりしたこと」「研修後の抱負」「グループワークによる広がり」への肯定的意見が見られた。また，評価的視点についても同様にそれぞれのカテゴリーの下位指標を詳細に見ていくと，【アクティブラーニング】

表13-1　研修「国際結婚家族への支援」に対する「心の健康教育ワークシート」

心の健康教育ワークシート

場所：S大学院　　　日付：2018年 9月 5日　　　テーマ：国際結婚家族への支援

経験的視点

カテゴリー	自由記述	チェック +	チェック −
情緒的価値	考えることができて面白かった		
	内容が面白かった		
	体験できて面白かった	1	
	楽しかった		
	グループワークをネガティブに感じた	2	2
	心が軽くなった		
	何も感じなかった		
機能的価値	自分が研修を行ってわかったこと		
	研修のやり方が良くて勉強になった	2	3
創造的価値	研修後の抱負	2	
	考えるきっかけになった		
	グループワークによる広がり	1	1
	視点の広がり		
	体験から感じたり，わかったりしたこと	2	
思考・感覚的体験	知らなかったことを知った	10	5
	研修内容を理解できた	5	3
	研修内容の反復		
	当事者の大変さを知った	2	
	研修内容からの学び	1	
	わかりやすかった	2	3
	考えさせられた	2	
	雰囲気の良さ		
能動的体験	研修内容の内面化		1
	研修後の昇華	1	
	講師への感謝	1	
	研修内容への意見		

評価的視点

カテゴリー	自由記述	チェック +	チェック −
視聴覚効果	図表のわかりやすさ		1
	スライドのわかりやすさ	2	1
	映像の伝わりやすさ		
	資料のわかりやすさ		3
	話し方の伝わりやすさ		
研修構成	研修の構成の良さ	4	
	流れのわかりやすさ	1	2
	時間配分のうまさ		
情報の近接性	具体的な提示	3	2
	活用可能な情報の提示		1
	当事者の声	1	1
情報の質	根拠の有無	2	
	適度な質の情報		
レベル設定	説明のわかりやすさ	2	2
	主旨の伝わりやすさ	2	1
	情報量の適切さ	3	3
アクティブラーニング	ロールプレイ	6	2
	グループワークの良さ	2	
受講者のニーズ	対象者への配慮		1
	聞き手の関心をひく内容	2	1
	受講者が自ら考える時間の提供		
意見交換	意見共有の機会		
	受講者のコメントに対するリアクション		1

理解度（事例検討）	4.1 / 5
満足度（事例検討）	4.2 / 5
理解度（知識編）	4.1 / 5
満足度（知識編）	3.9 / 5

においては「ロールプレイ」に対する肯定的意見が多く，【研修構成】については「研修の構成の良さ」への肯定的意見が見られた。

　このような肯定的意見が得られた理由としては，まず本研修のテーマが，在留外国人の抱える困難とそれに対するスクールカウンセラーの支援方法という，受講者にあまりなじみのない非常に新しいテーマを取り扱ったためであることが考えられる。本研修においては，新しい知識や情報を提供することについてはある程度成功したと評価できるだろう。

　このような結果が得られた理由として挙げられるのは，本研修を，当事者の経験を追体験することによって受講者にあたかも自分の問題であるかのように問題を考えてもらうことに焦点づけていたことが考えられる。本研修では，ロールプレイを通じて実際に在留外国人児童役とそれを支援するカウンセラー役を疑似体験することによって，学校領域における外国人支援の困難を体験できることをひとつの目的として全体を設計していた。そのため，この目的に沿わない物事に関しては，なるべく排除して研修を構築した。評価的視点においては，先述のとおり「ロールプレイ」や「研修の構成の良さ」に対する肯定的評価が高かった。したがって，本研修で意図していた目標はある程度達成されたと評価できるだろう。すなわち，ロールプレイを中心とした研修構成を通じて，当事者の目線を疑似体験することにより在留外国人の困難と彼らを支援する際の困難という普段なじみのない知識や情報を受講者に獲得してもらえた可能性がある。加えて，「研修後の抱負」に該当する意見も得られたため，本研修をきっかけとして，受講後に受講者が自発的に今回のテーマについて学ぶという最終目標もある程度達成されたといえるだろう。

　本研修の意図と一致した評価がある程度得られた反面，当然ながら否定的な評価も得られた。否定的な評価としては，経験的視点における【情緒的価値】と，評価的視点における【視聴覚効果】【情報の近接性】【レベル設定】【受講者のニーズ】である。これらの結果が得られた理由とそれに対する改善策について検討したい。

まず【情緒的価値】については，「グループワークをネガティブ
に感じた」という意見があり，またそもそも情緒的体験を表すよう
なコメントが受講者より得られなかった。ロールプレイに対して
は，「難しさ」や「設定の曖昧さ」を感じたという意見がいくつか
見られた。これはロールプレイを実施する際にしばしば見られる課
題である。特に本研修で採用したような，簡単な設定だけを受講者
に提供するスタイルのロールプレイでは，即興的に生じてくる知識
や情報は受講者自身が臨機応変に対応しなくてはならないため，そ
のような課題に取り組むことに苦手意識のある受講者にとっては不
確実性が多く負荷が高い。このような受講者のことを加味した対策
としては，受講者に対してある程度事前にロールプレイの設定につ
いて伝え，事前学習を促しておくことや，役の設定について書かれ
た紙にもう少し知識や情報を加えておくことが挙げられる。加え
て，【情報の近接性】の「当事者の声」において「当事者の具体的
なエピソードが知れたらよかった」という意見が得られたことから
も示唆されるように，受講者がロールプレイを実施する前に類似し
た実際の事例について情報提供しておくことで，その後，受講者が
ロールプレイを体験する際の負荷を減らせることが考えられる。さ
らに，【情緒的価値】に対する意見自体がほとんど得られなかった
ことを鑑みると，そもそも本研修を設計した際に受講者を楽しませ
ることはほとんど考慮していなかったことが理由として挙げられ
る。しかし，情緒的な体験は研修全体の満足感に通じているはずで
あるため，今後は受講者が情緒的に楽しめるようにプログラムを工
夫する必要性も感じた。

　先に【情報の近接性】の一部については触れたが，評価的視点に
対する否定的な意見としては，【視聴覚効果】【情報の近接性】【レ
ベル設定】【受講者のニーズ】に該当する意見が目立った。より詳
細には，【視聴覚効果】おいては，「資料のわかりやすさ」に該当す
る「配布資料が欲しかった」という意見がいくつか得られた。本研
修を企画する時点で，資料を配布するか否かについて議論はした
が，体験することを重視した研修であったため，資料配布は行わな

いことにした。しかし，スライドのみの情報提供の場合，受講者自らが適時メモを取らない限り，研修中あるいは研修後に内容を振り返ることが難しいのではないかと考えられる。また，ロールプレイの際にも，すでにこちらから提供された知識を確認しながら取り組みたかった受講者もいたことだろう。このような理由から今後は資料を配布するように努めたい。【情報の近接性】では，先述した「具体的な事例の紹介の希望」に加えて「具体的な援助要請先情報の提供希望」についての意見が得られた。また【レベル設定】においては，「難しすぎた」「情報量が多かった」という意見も見られた。これらは，どちらも【受講者のニーズ】を考慮しきれていなかったことから生じていたものと考えられた。

　本研修では，普段なじみのない問題に対して受講者が自発的に取り組むことによって受講後も学びを深めていける姿勢を育むことを目標としていた。しかし，受講者の一部は，自分自身が即時的に利用できる情報や知識が提供されることを望んでいたようである。本プログラムが狙いとしていた【能動的体験】が期待していたよりも少なかったことも，そもそもの受講者のニーズがより受動的な体験にあったからであると推察される。心の健康教育を実施する際に，可能な限り受講者のニーズについて事前にアンケートを実施する等して把握し，プログラムの内容を設計していくことが必要であろう。

　教育の対象となるのは心理的不調者だけではない。当事者の家族や他の専門職，健康な人など様々である。対象によって教育のニーズも異なるだろう。対象者のニーズに応じて，いつでもわかりやすく楽しく心の健康に関する専門知識を提供できることが，これからの心理専門職に必要な技術といえるだろう。

■引用文献

朝日新聞デジタル 2018 特別支援学級在籍率，外国人の子が日本人の倍 民間調査（6月24日配信），https://www.asahi.com/articles/ASL4T43HKL4TUHBI01G.html（2021年1月2日閲覧）

Byrne, D. & Nelson, D. 1965 Attraction as a linear function of proportion of positive reinforcements. *Journal of Personality and Social Psychology*, 1, 659–663.

法務省 2018 平成29年末現在における在留外国人数について（確定値）. http://www.moj.
　　go.jp/nyuukokukanri/kouhou/nyuukokukanri04_00073.html（2021年1月2日閲覧）
市川伸一 2001 学ぶ意欲の心理学 PHP研究所.
厚生労働省 2009a 平成20年人口動態統計（確定数）の概況. https://www.mhlw.go.jp/
　　toukei/saikin/hw/jinkou/kakutei08/dl/01.pdf（2021年1月2日閲覧）
厚生労働省 2009b 平成21年度「離婚に関する統計」の概況 人口動態統計特殊報.
　　https://www.mhlw.go.jp/toukei/saikin/hw/jinkou/tokusyu/rikon10/dl/gaikyo.pdf
　　（2021年1月2日閲覧）
厚生労働省 2017 平成28年度人口動態統計特殊報告「婚姻に関する統計」の概況.
　　https://www.mhlw.go.jp/toukei/saikin/hw/jinkou/tokusyu/konin16/dl/gaikyo.pdf
　　（2021年1月2日閲覧）
文部科学省 2019 外国人児童生徒の多様性への対応. https://www.mext.go.jp/
　　component/a_menu/education/micro_detail/__icsFiles/afieldfi
　　le/2019/04/22/1304738_003.pdf（2021年1月2日閲覧）
鈴木ゆみ 2011 スクールカウンセラーの多文化カウンセリングコンピテンスの獲得に向け
　　て——臨床心理士養成課程の大学院案内とシラバスの分析. 明治学院大学大学院心理学
　　研究科心理学専攻紀要, **16**, 31-47.

謝辞：本章は，北村三賀子さん，謝凌凛さんと筆者の3名で作成した模擬授業の資料を
　　　参考に，筆者が執筆したものです。公刊の趣旨にご理解いただいたお二人に，心
　　　より感謝申し上げます。

おわりに

　本書の企画を本格的に開始したのは2019年の夏だった。そのとき，その後の半年で世界中が一変してしまうことになるとはまったく予想していなかった。多少の事故や事件があってもいつもの年のように日々が過ぎ，東京オリンピック・パラリンピックが成功裏に終わる。メダリストたちはヒーローとなってテレビのコマーシャルに登場する。経済も一定レベルで安定する。そんな近未来を誰もが描いていたのではないだろうか。

　今，世界保健機関（WHO）によってCOVID-19と名付けられた新型コロナウイルス感染症が世界中で猛威を振るっている。2020年は「コロナ」という言葉がテレビの報道番組や新聞紙上に出ない日がない一年であった。しかも，このグローバルな危機がいつ終わるのかについては予測できていない。

　当初，一部の地域に限定されていた症例が，瞬く間に世界中に広がった。累計の感染者数は1億人を突破し，死亡者は約240万人に達した。日本に限っても，感染者は40万人を超え，死亡者も7,000人を超えた。本書が発行される時点ではこれらの数字はさらに大きくなっているだろう。若年者が感染しても比較的軽症もしくは無症状で済むことから，無自覚に感染を拡大させることになり，その結果として中高年者にまで感染が及んでしまう。高齢者や基礎疾患を持つ人は重症化しやすく，死亡する割合も格段に高いという。

　感染症の怖さは，人と人との接触を通して急激に広がっていくことである。その結果，医療体制が崩壊していく。次々と運び込まれる重症患者であっという間に満床となり，その後の患者を受け入れられなくなってしまうのである。いくつもの病院に当たってはみたものの断られてしまい，自宅で療養中に急変し亡くなってしまうと

いう悲惨な事例もあるという。患者の入院を断らざるを得ない病院側も危機的状況にある。もともと，感染症が専門の医師や看護師が少ないうえに，一人の患者のケアに通常の2倍ほどの医療従事者が必要とされるという。院内の他の診療科にしわ寄せがいき，不眠不休でバーンアウトしてしまう医療従事者も増えていくだろう。

患者を積極的に受け入れている病院では必然的に集団感染（クラスター）が発生する確率も高くなる。そのことを知った別の疾患を持つ患者が通院を控えた結果，重症化に気づくのが遅れ命を落とすことになる。日常生活における基本的動作や見当識に障害がある感染者のケアや介護を担っている病院や福祉施設の状況は想像を絶するものだという。

感染症は一見，身体の病気と思われるかもしれない。しかし，人々の心の健康も脅かし，さらには社会全体を揺れ動かすほどの影響力がある。そのことは，ペスト，コレラ，天然痘，梅毒，比較的最近ではスペイン風邪と名付けられたインフルエンザなどのパンデミック（世界的流行）の歴史からも確実に言えることである。

今回のような感染症のパンデミックに対して，心の健康教育に携わる者はどうあるべきか。どのような視点に立ち，誰に対して，どのように教育するべきなのであろうか。

1　生態学的視座

Korchin（1974）は，コミュニティ心理学の視点を特徴づける13個の主題として「社会的環境的諸要因は，行動を決定し変化させる非常に重要なものである」ことを第一に挙げている。心理学は一般的に個人に注目し，個人内の要因を変化させることによって人々の行動をより望ましいものに変容させようとする。個人内の要因とは，例えば知能，信念，不安，劣等感，競争心，自己効力感といったものであり，心理学の一領域である臨床心理学でも，それらの個人内要因に働きかけることによって行動変容を目指している。

それに対して，Korchinが指摘したように，コミュニティ心理学では「環境」に注目し，個人の変容が困難な場合はその個人を取

り巻く環境に変化をもたらし，**人と環境の適合性**（person-environment fit）を高める努力をする。しかし，環境とは個人を取り巻くもの全てであり，非常に曖昧な概念である。その曖昧な概念を**人間生態学的視点**からわかりやすく整理してくれたのが**ブロンフェンブレンナー**（Urie Bronfenbrenner）である。

　彼は，人が発達するということは，その人がその人の生きている環境をどのように受け止めるかやその環境に対処する仕方の連続的な変化であると考えた（Bronfenbrenner, 1979）。そして，人を取り巻く環境を「**システム**」と見なし，いくつもの層から成る「入れ子構造」であると考えたのである。一人の人間を中心として平面上に広がるネットワークではなく，ロシア人形のように，ひとつのシステムはその上位システムによって覆われているというのである。一

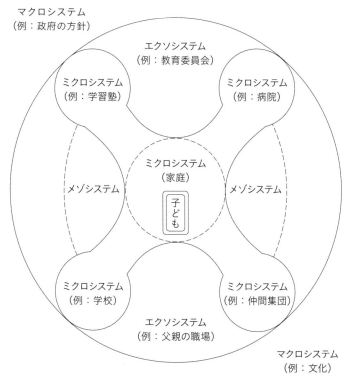

図　子どもを中心とした生態学的モデル

人の子どもを中心とした彼の生態学的モデルを図に示す。

　人間にとって最も身近なシステムは，家庭，学校，仲間集団などといった直接包み込んでいる**ミクロシステム**（microsystem）である。人々が集い，じかに触れ合い，相互作用が生じる場である。幼児のミクロシステムは家庭，保育所・幼稚園，近所の公園くらいの小さなものであるが，中学生や高校生になると，学習塾や地域のスポーツクラブなどが加わってくる。もし何らかの持病を抱えていれば病院もミクロシステムとなる。

　ミクロシステムの上位に位置するのは**メゾシステム**（mesosystem）である。「メゾ」は中間という意味であり，メゾシステムとは複数のミクロシステムの関係性のことである。小学生にとって「家庭」と「学校」との関係性は重要である。緊密な連携を取り合っているのか，あるいは逆に対立しているのか。そのような関係性が子どもの発達に影響を及ぼすのである。

　ミクロシステムやメゾシステムをさらに外から包括し，それらのシステムに影響を及ぼしているのが**エクソシステム**（exosystem）である。エクソシステムはミクロシステムのように直接感じることはできないものの，その影響力は無視できない。教育委員会の方針は学校現場を通して子どもたちに大きな影響を与える。子どもにとって親の会社は遠い存在ではあるが，そこからも大きな影響を受ける。例えば，父親の会社が業績不振で人員削減を進めているとしたら，父親は毎晩帰宅が遅くなり，たまに休日があっても家でゴロゴロしているだけで子どもと触れ合おうとしないかもしれない。妻との関係もギクシャクしてしまい夫婦間の葛藤が子どもの成長に悪影響を与えてしまう。父親も，親会社というエクソシステムからの締め付けが厳しくなり，生産性の向上が唯一の目標となってしまって疲労がどんどん蓄積されていく。リストラという解雇に怯える日々を過ごさなければならなくなってしまうかもしれない。

　以上述べてきたミクロ−，メゾ−，エクソ−というシステムは，**マクロシステム**（macrosystem）に覆われていて，そこからさらに大きな影響を受けることになる。政治的イデオロギーを含む政府の

方針，法律や制度，国家レベルの経済状況，古くからの慣習，文化や宗教的価値観などがマクロシステムの例である。マクロシステムは可視化しにくいものの，そのインパクトはときに強大かつ持続的であり，多くの人々に多大な影響を及ぼすこともある。

　以上のように，人間の行動は個人内の要因のみによって決定されるものではない。二重，三重のシステムが影響していることを忘れてはいけない。

2　コロナ禍における心の健康教育

　冒頭で述べた新型コロナウイルス感染症に対して，心の健康教育に携わる者には何ができるのだろうか。上記の人間生態学的視点を基に考えてみたい。

　まずマクロシステム（家庭や学校）の中では，一次予防としてのマスク着用やこまめな手洗いの習慣化が目標となる。その際，7章で紹介した「個人レベルの理論」が役立つだろう。しかしながら，個人レベルの理論における限界や問題点も考慮しておく必要がある。集団での飲食が感染を拡大させると知ってはいるが何らかの理由で止められない人もいるだろうし，感染した人が批判されることがないように理由を含めて指導しなければならない。

　「個人間レベルの理論」も活用できる。感染症に対する予防対策としてまず実行しなければならないことは，他者との接触を避けるというシンプルなものである。しかし，この対策はソーシャルサポートの授受をも切断してしまうことになる。換言すれば，孤立化というリスク要因を拡大してしまうのである。孤立化は様々な形で人の心に悪影響を及ぼすが，新型コロナウイルス感染症の蔓延によって，自殺率，とりわけ若年層の自殺が増えているという。具体的には2020年に自殺した児童生徒の数が前年比で約4割増であった（朝日新聞2021年2月16日朝刊）。また，個人が孤立化すると同時に家族が地域社会から孤立化してしまうことが心の健康を悪化させてしまう可能性も無視できない。2021年2月4日に発表された警察庁の調査によると，虐待の疑いがあるとして警察が児童相談所に通

告した18歳未満の子どもは，前年比8,738人増の10万6,960人となり，ついに10万人を超えてしまったのである。その理由として，外出自粛により家族が孤立したこと，失業や自宅待機によって貧困家庭が増加したこと，親が精神的に不安定になったことが挙げられるのではないかと指摘されている（朝日新聞2021年2月5日朝刊）。電話やオンラインを活用して直接会わなくても支え合っているという感覚を保つ工夫や貧困家庭への食事支援策の広がりが期待される。

　メゾレベルでは，家庭と学校との信頼関係が重要となってくる。感染しても早期に退院できるようにするためには，家庭と病院との連携も強化しなければならない。全国各地で，感染した人や感染リスクの高い集団に対する差別的行動が起きているが，1章で強調されているように，心の健康教育では，疾病予防や健康行動の推進だけではなく，偏見や差別の解消を図ることも重要な目的となっている。このことは，あらゆる感染症を念頭においた心の健康教育において肝に銘じておくべきであろう。

　エクソシステムやマクロシステムに対してはどのような介入が有効だろうか。感染拡大を防ぐために日本政府は二度にわたって「緊急事態宣言」を発出した。この指示により，夜間の飲食や国内外の移動が制限され，その結果として飲食店の売り上げが激減し，食材や飲料品を扱う業界も減収の一途をたどっている。同時に，ビジネスや観光に関連する旅行会社や運輸業界が軒並み利益を落としている。いわゆる在宅勤務が奨励され，各種式典が中止となったために花屋やクリーニング店，タクシー会社も苦境に立たされているという。経済的不況は人々の心の健康を著しく悪化させる。失業率と自殺率が連動していることはすでに多くが指摘している（例えば，高橋，2006）。

　以上の説明から，身体疾患である感染症が人々の心理面にも多大な影響を及ぼすことが理解できるであろう。しかもその影響はミクロシステム内に留まらず，メゾシステムやエクソシステム，さらにはマクロシステムを通じて，個人，家族，コミュニティ，国全体にまで及ぶのである。

3 コミュニティ心理学の課題

　心の健康教育に携わる者の中には，エクソシステムやマクロシステムへの介入を得意としていない者も少なくないと予想される。しかし，政治や経済のことはわからないと言って他人任せにしてはならない。未曾有の事態である今回のパンデミックがもたらす心への影響を科学的手法によって明らかにし，その結果を広く公開することから始める必要がある。どのような人々に対して，どのような心理的影響があるのかが明らかとなれば，「コロナストレス」への対処法がより有効なものとなり（5章），より良いメンタルヘルス・リテラシー教育（6章）にもつながっていく。一般市民への啓発も実施でき，最終的には国家レベルの政策に対しても提言することも不可能ではない。

　7章で取り上げられている「コミュニティレベルの理論」や8章で紹介されている「プログラム評価」を活用して，心の健康を守るための介入計画を立案し，実行して効果を検証することは，まさにコミュニティ心理学が目指すものであり，コミュニティ全体をより健康な方向に変革させることによって，最終的には国全体を望ましい姿に変えていけるのである。

　2020年2月に厚生労働省が設置した「新型コロナウイルス感染症対策アドバイザリー・ボード」のメンバー15名を見ると，ほとんどが医師または医学研究者である。そこには心理学者が入っていない。感染症が人々の心に及ぼす影響についてアドバイスし，政府を動かすことが最も有効な方略であり，それがコミュニティ心理学が果たすべき究極の課題である。

■引用文献

Bronfenbrenner, U. 1973 *The ecology of human development*. Harvard University Press. [磯貝芳郎・福富 護（訳）1996 人間発達の生態学——発達心理学への挑戦 川島書店.]

Korchin, S. J. 1976 *Modern clinical psychology: Principles of intervention in the clinic and community*. Basic Books [村瀬孝雄（監訳）1980 現代臨床心理学 弘文堂.]

高橋祥友 2007 自殺予防 岩波新書.

おわりに

索　引

【編者紹介】

久田　満（ひさた みつる）上智大学総合人間科学部心理学科 教授
博士（医学）　公認心理師，臨床心理士　日本コミュニティ心理学会会長
専門はコミュニティ心理学，健康・医療心理学
著書に『コミュニティ心理学ハンドブック』（分担執筆，東京大学出版会），『よくわかるコミュニティ心理学』（共編著，ミネルヴァ書房），『医療現場のコミュニケーション』（共編著，あいり出版）ほか。

飯田敏晴（いいだ としはる）立教大学現代心理学部心理学科 特任准教授
博士（心理学）　公認心理師，臨床心理士　多文化間精神保健専門アドバイザー
専門は健康・医療心理学，コミュニティ心理学
著書に『援助要請と被援助志向性の心理学』（共編著，金子書房），『事例から学ぶ 心理職としての援助要請の視点』（共編著，金子書房），『エイズ相談利用促進に関わる規定要因の心理学的検討』（風間書房）ほか。

【執筆者一覧】（50音順）

飯田敏晴	編者	1・2・9・10章
伊藤慎悟	上智大学総合人間科学部心理学科	3・8章
落合優理彩	株式会社インテージ	11章
佐藤美月	鎌倉三浦地域児童相談所	12章
関口有美	ひとみクリニック	12章
田中志歩	上智大学大学院総合人間科学研究科心理学専攻	13章
中村菜々子	中央大学文学部心理学専攻	6章
春田悠佳	上智大学大学院総合人間科学研究科心理学専攻	7章
樋口匡貴	上智大学総合人間科学部心理学科	7章
久田　満	編者	4・5章

（所属は2021年3月時点）

コミュニティ心理学シリーズ 第1巻

心の健康教育

2021年4月30日 初版第1刷発行 〔検印省略〕

編 者 久田 満

　　　 飯田敏晴

発行者 金子紀子

発行所 株式会社 金子書房

〒112-0012 東京都文京区大塚3-3-7
TEL 03(3941)0111(代)
FAX 03(3941)0163
https://www.kanekoshobo.co.jp
振替 00180-9-103376

印 刷 藤原印刷株式会社
製 本 一色製本株式会社

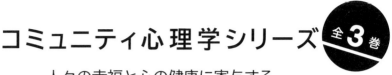

コミュニティ心理学シリーズ 全**3**巻

人々の幸福と心の健康に寄与する
これからの心理専門職の必携書

第**1**巻

心の健康教育

久田 満・飯田敏晴 編

第**2**巻　　　　　　　　　　　　　　　　近刊

コンサルテーションと
コラボレーション（仮題）

久田 満・丹羽郁夫 編

第**3**巻　　　　　　　　　　　　　　　　近刊

危機介入と緊急支援（仮題）

久田 満・萩原豪人 編

金子書房